Cusco

und das Heilige Tal der Inkas

CUSCO - PERU

Cusco y el Valle Sagrado de los Incas
Cusco und das Helige tal der Inkas

Fernando E. Elorrieta Salazar.
Edgar Elorrieta Salazar.

2da. Edición, 2da. reimpresión

Año 2008. 500 Ejemplares

Übersetzung: Alexandra Prinz

Zeichner: Alfonso Anticona L.
Carlos Olazábal Rodriguez
Martín Manrrique Villalobos
José Luis Morales Sierra

Fotografie: Fernando E. Elorrieta Salazar.
Edgar Elorrieta Salazar.
Servicio Aerofotográfico Nacional
Instituto Geográfico Militar de Bolivia

Hecho el Depósito Legal en la Biblioteca Nacional del Perú N° 2008-08110

Vordruck und Druck: Ausonia S.A.
Jr. Francisco Lazo 1700 – Lima

ISBN: 978-603-45091-3-9
Proyecto Editorial 30801000800483

Email: fernandoelorrieta@hotmail.com
edgarelorrieta@yahoo.com
Telefon: 0051-84-984685268

Inhalt

Geografie

Die Anden sind das längste Gebirge der Welt. Von Kap Horn in Feuerland im südlichsten Teil von Chile und Argentinien ziehen sie sich an der Westküste Südamerikas 7.500 Kilometer entlang - eine Kette von schneebedeckten Gipfeln und Vulkanen. Schließlich kommen die Ausläufer der Anden im Meer der Antillen und in der venezolanischen Ebene hervor.

Die Anden, Peru, am Rande des tropischen Regenwaldes

Peru liegt dort, wo die gewaltige Gebirgskette auf die Tropen trifft, dennoch ist es immer noch eine Gegend, wo Gletscher einen wesentlichen Einfluss auf das Klima haben. Kälte überflutet die mit der Höhe abnehmenden Täler und Wasser lässt die steilen Hänge fruchtbar werden, wodurch eine auf unserem Planeten einmalige Vielfalt an Mikroklimata und Ökosystemen ermöglicht wird. Diese wie in einem riesigen Archipel liegenden Inseln führen auf der einen Seite in den tropischen Regenwald, während die andere Seite des Gebirges von zahlreichen Mikroklimata und den trockenen Tälern der Küstenwüste bestimmt wird.

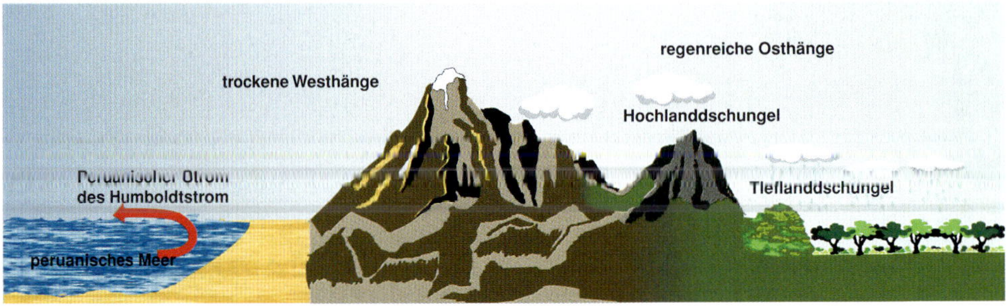

Diese massive und hohe Gebirgskette hält die dichten Regenwolken auf, die vom Amazonas-Urwald aufsteigen und verhindert eine erfrischend –feuchte Abkühlung des heißen Sandes der extrem trockenen Wüste entlang der Pazifik-Küste, die aufgrund des kalten Ozeans (Humboldt-Strom) sogar noch trockener ist. Die kalte Strömung führt zu einem Absinken der Temperatur und zu geringen Niederschlägen. Gelegentlich geschieht es, dass die kalte Strömung der warmen Strömung des *El Niño* weicht, das Klima der Anden ändert sich dadurch und schwere Regenfälle im Norden führen zu Überschwemmungen, während der Süden des Landes von ausgedehnten Dürren betroffen ist. Dieses Phänomen tritt regelmäßig alle 3-4 Jahre auf, wobei alle 8-15 Jahre mit intensiven, zerstörerischen Folgen zu rechnen ist. Somit begünstigt die Geografie der Anden und die Verschiedenheit der Klimata das Aufkommen einer erstaunlichen natürlichen Vielfalt[1] in einem der begehrtesten Gebiete des Planeten[2].

Bis zu einer Höhe von 600 m Seehöhe ist das Klima tropisch, Getreide und Baumwolle[3] sind die Hauptanbauprodukte. An den Hängen des östlichen Urwaldes wird die Fauna durch unzählige Waldtiere repräsentiert, darunter der amerikanische Alligator, der Jaguar und die Boa.

---

(1) Es gibt 1.710 identifizierte Vogelarten, 460 Säugetiere, 330 Amphibien, mehr als 17.000 Pflanzenarten und zahllose Insekten.

(2) Gegenwärtig können nur 3.81% der Landfläche Perus landwirtschaftlich genutzt werden. (ONERN, Klassifizierung Perus, 1982 Annex II:I)

(3) Die Baumwollarten *Gossypium hirsutum* (Mexiko) und *G. Barbadense peruvianum* stammen aus Amerika. Die Existenz von angepassten Baumwollzüchtungen in 2.850 m Seehöhe im Heiligen Tal der Inkas lässt sich bis 1552 n. Chr. zurückverfolgen (Rev. del Archivo Histórico del Cusco, No.13: 39)

Ein Jaguar ziert den Griff eines zeremoniellen Inka-Gefäßes;* diese Malerei wurde am Rand des Urwaldes, östlich von *Cusco* (*Lares*) gefunden.

Koka.
Erythroxylum coca.

Die Koka-Pflanze gedeiht lebhaft bis zu einer Seehöhe von 1.800m. Der Strauch erreicht eine Höhe bis zu drei Metern, produziert kleine, rote Früchte und ovale Blätter mit glatten Rändern, die - einmal getrocknet - während harter Arbeit gekaut werden, um das Gefühl von Hunger und Müdigkeit zu stillen. Die Blätter enthalten Karotin, Riboflavin, Thyamin, Eisen und Kalzium, unter den Alkaloiden enthalten sie neben dem Bestandteil „Ecgonin“ einen aktiven Bestandteil der Atropine, ein die Verdauung und die leichtere Aufnahme von Karbohydraten förderndes Element, das - wie allgemein bekannt - die Hauptstütze der „Diät“ der Andenbewohner ist[4].

Es ist auch bekannt, dass das Kauen der Blätter oder der Tee aus Kokablättern zur Minderung der Auswirkung der Höhenkrankheit (*soroche*) beitragen, sie bewirken auch ein Freiwerden der Luftwege in den Lungen und stellen die Spannung in den glatten Muskeln des Verdauungssystems wieder her.

Deshalb wird Koka von so manchem für eine Zauberpflanze gehalten und wird gerne in kultischen Praktiken, Schamanismus und Wahrsagerei verwendet.

---

(4) Ruggiero Romano, 1982, in: Revista Allpanchis Phuturinqa, No.19: 247

* Museo Inka.

Botanische Studien zeigen, dass Koka in den Berg-Urwäldern von Peru beheimatet war und sich von dort über die Anden ausbreitete. Eines der ältesten Beispiele des Gebrauchs von Koka wurde an der Nordküste Perus, in *Huaca Prieta* (2.500-1.800 v.Chr)[5] entdeckt, wo Kokablätter und Kalkgefäße (ein reaktives Alkalin, welches Alkaloide aus den Blättern zieht) gefunden wurden. In jener Zeit, als der Inka-Staat die Kultivierung von Koka-Blättern kontrollierte, der sein Reich durch die Dschungel-Regionen in der Nähe von *Cusco* versorgte, akklimatisierte man die Pflanze soweit, dass sie auch im Heiligen Tal wuchs[6].

Quinoa *(Chenopodium quinoa).*

Tarwi (Lupinus mutábilis).

Kartoffel *(Solanum tuberosum).*

Kiwicha (Amaranthus caudatus).

In großen Höhen lebt der Puma und es werden Getreide, Quinoa, *Kiwicha*, *Tarwi*, Kartoffeln und andere Früchte angebaut.

Das Andenhochwild lebt auf fast 4.000m Seehöhe. In dieser Höhe werden keine heimischen Pflanzen kultiviert und angestammte Büsche und Niedrigwuchspflanzen gehen in Grasland über, welches als Futter für *Guanacos*, Vikuñas, Alpacas und Lamas dient unter dem blauen Himmelgewölbe, das den Flug des Kondors begrenzt.

(5) Lanning, 1967: 77

(6) Rev. del Archivo Histórico del Cusco, Nr. 13: 39

Menschen

Die Menschen sind nicht unähnlich dieser kaleidoskopischen und überragenden natürlichen Umwelt. Wie die Früchte und Samen kamen sie von den Bergen herab, indem sie den Läufen der Flüsse und den tiefen Tälern folgten, die Abgründen ähnelten, bis sie in den Urwald oder ans Meer gelangten. Sie gingen auch in die Berge und nahmen Früchte und Samen mit, die sie an die gegebenen Bedingungen anpassten und sahen diese Wurzeln schlagen und erblühen, wie die Natur in Verbindung mit Religion im menschlichen Wesen zur Entfaltung kam.

Nur 16.000 Jahre[7] vor unserer Zeitrechnung gab es menschliche Aufzeichnungen in Höhlen auf allen Höhen der peruanischen Anden. Jaspis, Obsidian, Quarz und Silizium waren das erste Material, das der Mensch zu verändern begann, um damit einfache Werkzeuge herzustellen. Tausende Jahre nach diesem ersten Kontakt mit Stein würde der Mensch Arbeiten von einzigartiger Größe schaffen.

In Südperu in der Umgebung von *Cusco* auf 3.350m Seehöhe findet man Farben wie schwarz, rot, ocker oder weiß, die die Menschen zur Anfertigung ihrer Felsmalereien vorzogen, meist in Verbindung mit Jagd – und Weideszenen der (Kamel-) Tiere, die in dieser Gegend beheimatet sind. Sie fertigten auch Darstellungen der Umgebung an und verwendeten Symbole, deren Bedeutung in den Bergen, die sie beschützten, verloren ging.

Höhlenmalereien aus dem Heiligen Tal (im Detail) in *Huayoqari*, 2.000 v.Chr. In der Darstellung lassen sich Lamas erkennen, wie man im Detail sieht.

Der Mensch, das Tal und die Hochebene

Ob gemalt, in Skulpturen dargestellt, manchmal nur angedeutet, sind die menschlichen Spuren sogar zwischen den Schneewehen in dieser extrem

---

(7) Durch die Radiokarbon (C-14)-Methode wird das Datum von *Lauricocha* (3.800-4.100m Seehöhe in *Huánuco*) auf 8.000 v.Chr. angegeben, für den Ort in *Pikimachay* in der südlichen Sierra (Umgebung *Ayacucho*) auf ca. 16.000 v. Chr.

zerklüfteten Landschaft erhalten. Diese einzigartige Szenerie entsteht durch das Zusammentreffen von zwei prächtigen Gebirgszügen im sogenannten *Vilcanota*-Knoten. Der Fluss mit selbigem Namen findet hier seinen Anfang und fließt wie ein silberner Faden in wildem Lauf das reiche und eindrucksvolle Tal formend, welches zur Zeit der Inkas heilig war.

Auf der anderen Seite der Kordilleren fließt ein anderer Fluss[8], der – kaum sichtbar – über die Hochebene fließt, um in den *Titicaca*-See zu münden, den höchstgelegenen schiffbaren See der Welt (3.809 m Seehöhe). Vielleicht wegen desselben Ursprungs oder desselben Wassers, das sie wie ein silbernes Band aneinander bindet, repräsentieren die Mythen dieser hohen, weiten Landschaft die Geburtsstätte des Sonnenreiches. Dieses wilde, raue Land in seiner endlosen, kalten und befremdlichen Einsamkeit ist mit einer dünnen Schicht Weidefutter überzogen und darauf verstreut leben Tausende von schwarzen, weißen und mehrfärbigen Lamas und *Alpacas*. Diese Tiere grasen eben dort, wo der Mensch sie das erste Mal domestiziert hatte, so wie auch Knollen und Körner dort Wurzeln schlugen.

Titicaca-See, am Ursprung des *Desaguadero* Flusses

(8) Der Fluss war zuerst als *Santa Rosa* bekannnt, später wurde er *Ayaviri* genannt und schließlich, bei seinem Zusammenfluss mit dem Fluss *Azángaro*, nennt man ihn *Ramis*, als der er dann in den *Titicaca*-See mündet.

Selbst der Tag – und Nachthimmel, der in diesen Breiten fast das ganze Jahr klar ist, entwich nicht ihrer Wissbegier[9] und sie erkannten die scheinbare Bewegung der Sonne am Horizont entlang sowie die Mondphasen und die einzelnen Sterne und Sterngruppen, die mit Bildern verbunden sind (die meisten von ihnen befinden sich in der Milchstraße). Durch ihre Beobachtungen der auf- und niedergehenden Himmelskörper in periodischen Zyklen im Bezug auf die Sonne war es ihnen möglich, synchrone Beziehungen zwischen den Sternen und den Zeiten für Säen und Ernten sowie für andere Tätigkeiten ihrer Gemeinschaft herzustellen.

Die Festsetzung dieser synchronen Beziehungen zwischen den natürlichen Zyklen der Erde und den menschlichen Hoch-Zeiten, die für Nomaden und Ackerbauern wichtig sind, wurde später in einfachen Kalendern systematisiert. Jene, die das vollzogen, waren Abkömmlinge der ersten Magier oder jene, die die Traditionen bewahrten, die später in speziellen Zentren in Verbindung mit Grenzsteinen in Ehren gehalten wurden und um deren Einfluss die verschiedenen Stämme wetteiferten. Auf diese Weise entstanden in den nebeligen Hochebenen von *Collao* rasch Orakel- und Zeremonienzentren. (Heute liegt dieses Gebiet zwischen Peru und Bolivien).

Der See, die Schutzgeister und das Urzeitalter

Hellblau an den klarsten Tagen, grau in bewölkten und stürmischen Momenten – der 8.380 km_ große See scheint wie ein lebendiger Wasserspiegel, der das kalte Klima dieser weiten Hochebene von Acker – und Weideland mäßigt. Der gewaltige *Titicaca*-See genießt das Prestige, in antiken Mythologien den Ursprung der Welt darzustellen. Die überquellende Natur stellte den frühen Menschen reichlich Fisch zur Verfügung und diese entnahmen der reichen Fauna realistische Motive, die sie in Bildern darstellten. Diese Motive wurden verändert, stilisiert und können noch immer in den Überresten ihrer Jahrtausende alten Niederlassungen bewundert werden.

---

(9) Marshack zeigt, dass die Menschen seit dem Aufkommen des *Homo sapiens* vor ca. 40.000 Jahren ihre Aufmerksamkeit der Einteilung von Zeitperioden lenkten, wie durch die Bewegung der Himmelskörper bewiesen wird. Sie tun dies in einer Beharrlichkeit, Beständigkeit und Ausführlichkeit wie man sich der Nahrungsbeschaffung oder der Herstellung von Werkzeugen widmet. (Marshack, 1972, in Sullivan, 1999: 24)

Nicht weit vom See entfernt, in der Wiege der Schäfer, hinterließ die *Pucara*-Kultur (100 v. Chr. – 100 n. Chr.) unter anderem Vermächtnisse, Anlagen, Bauwerke, deren Form und Umfang den Geist widerspiegelt, der die Hand reicht, um die Völker zu lehren und zu fördern.

Das Zeremonienzentrum von *Pucara*. Es ist durch einen Berg geschützt, der in der mündlichen Überlieferung mit der Form eines Pumas verglichen wird.

Der Puma (*Felix concolor*) ist ein fleischfressendes Säugetier, das fast überall in der Wildnis von Nord – und Südamerika verbreitet ist. Er wandert auf der Suche nach Beute in ganz Peru umher und wird selten in den Küstenregionen gesehen, obwohl seine Spuren sogar auf 4.500m Seehöhe wahrgenommen werden – oder mitunter auch im Dschungel.

Mit seinem rötlichen Kurzhaarpelz und den Gewohnheiten eines Nachtjägers misst er mehr als einen Meter. Auf der Suche nach Beute wandert er kilometerweit umher, aber er greift trotz seiner Wildheit keinen Menschen an, nicht einmal, wenn er bitterlich von Hunger geplagt wird. Darstellungen des Pumas (mit gelegentlichen Veränderungen und Abwandlungen) werden oft im Zusammenhang mit Kultobjekten gefunden, die der Verehrung von Wasser oder Erde dienten. Selbst heute wird dem Puma in den Volksmärchen aus dem Heiligen Tal die Rolle des Bewachers und Aufpassers zugeschrieben und man sagt, dass er als Geist die Geheimnisse der Menschen hören kann, indem er nämlich auf die Erde hört[10].

Relief eines Pumajungen
(Detail eines Monolithen in *Pucara*)

Gestalt mit katzenartigen Merkmalen

Puma in Fisch-Form*

(10) Martinez und Martinez, 1966

* Museo Pucara

Viel näher am See, in *Tiahuanaco* (200 v.Chr. – 1000 n. Chr.) entstand eine Gesellschaft von Hirten und Bauern, die in jenen Tagen die Elite bildeten und das Bildnis - Totems auf das berühmte Heiligtum prägten, von dem heute nur noch Überreste zu sehen sind.

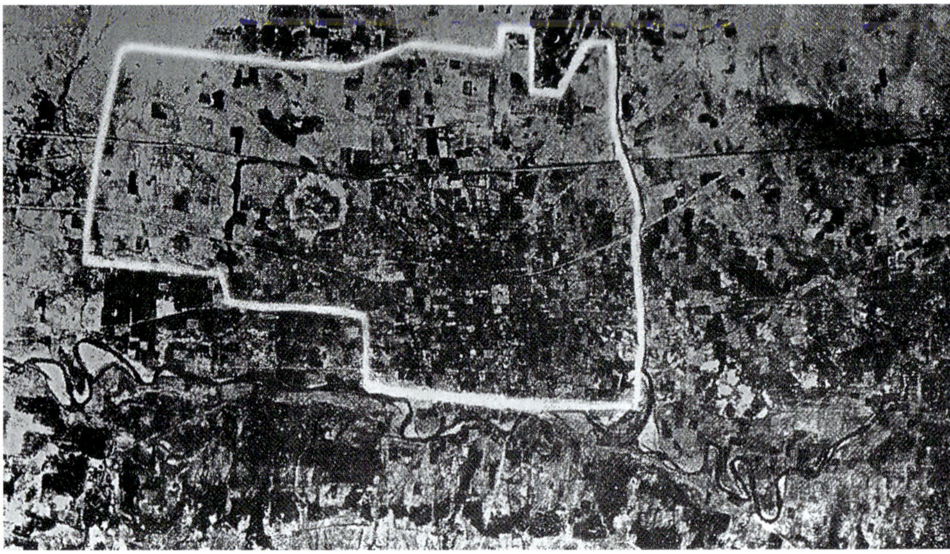

Luftansicht von *Tiahuanaco* - die weiße Linie markiert die präkolumbianische Stadt. CIAT.[11] Bemerkenswert ist das Profil eines Guanaco und wie die Pyramide von Akapan das Auge eines Tieres darstellt. (Foto: Instituto Geográfico Militar de Bolivia).

Tiahuanaco: Tempel der *Kalasasaya*

(11) Ponce, 1969 a

Durch komplexe Gebäude und eine Technologie, die das Wissen der Bronze – Metallarbeit beinhaltet, wurde dieses Zeremonienzentrum der wichtigste kulturelle Brennpunkt in Südperu. Sein Einfluss verbreitete sich über das kalte, gebirgige Land der Sierra und über die Küstensandwüsten. Die steuerlichen Abgaben der Umgebung wurden zum Heiligtum gebracht, um der obersten Befehlsgewalt der Welt, *Wiracocha*, zu huldigen, dessen Gesicht von einem strahlenden Haarkranz umrandet war. Er trug Kleidung von höchster Eleganz und Dekoration und regierte die Welt mittels Sterndeutern und Priestern mit länglichen, spitzen Köpfen[12].

Tiahuanaco: das Sonnentor

Detail: *Wiracocha*

Der *Wiracocha*-Kult breitete sich aus (800-900 n.Chr.), diesmal weit entfernt vom *Titicaca*-See, in der Nähe von dort, wo der Mais wächst. Sein Gesicht erscheint in künstlerischen Ausdrücken auf heiligen Keramikgefäßen, die in geometrisch angelegten Städten gefunden wurden, die zum Staat *Wari*[13] gehörten. Eine dieser Städte (*Pikillacta*) wurde auf einem Pass errichtet, von wo aus der Zugang zu zwei reichen, Getreide produzierenden Tälern kontrolliert wurde: das Tal von *Cusco* und das andere, das später als das Heilige Tal der Inkas bekannt werden sollte.

---

(12) Als Teil einer alten Tradition praktizierten die früheren Einwohner Perus Schädeldeformationen, eine Technik, in der kleinen Kindern die Köpfe gebunden wurden, um den Schädel länger und spitzer zu Machen: „Die Schädel der Bewohner von *Tiahuanaco* wurden deformiert. Dies schien eine Funktion zu erfüllen, die nur ästhetischen Zwecken diente oder Teil eines Kultes war." Lumbreras 1969: 218

Zeremonielles Gefäß der Wari*: Wiracocha erscheint als Teil der Verzierung, seine Ohren stellen Maiskolben dar.

---

(13) Der Höhepunkt der *Tiahuanaco*-Kultur dürfte zur selben Zeit wie die Kultur von *Nazca* gewesen sein. Diese Küstenkultur hinterließ ihre Spuren auf mehr als 450 km_ dunkelrotem Kiesel in der Küstenwüste. Hier wurde die große Vielfalt von Linien und Figuren entworfen, vermutlich zwischen 300 v. Chr. – 800 n.Chr (siehe Reinhard 1997: 7). Der Zweck dieser geheimnisvollen Linien – glaubt man der Mehrheit der Autoren – war die Darstellung von Sternbildern im Zusammenhang mit dem Aufgang und dem Untergang der Sonne sowie bestimmter Sterne; auch heilige Wege, die den Menschen mit Berggeistern verbanden, um Wasser und Fruchtbarkeit zu erhalten. Die Verschmelzung der gegenseitigen Einflüsse von Tiahuanaco und *Nazca* brachten einen kulturellen Ausdruck hervor, der Wari genannt wurde.

* Museo de la Nación - Perú.

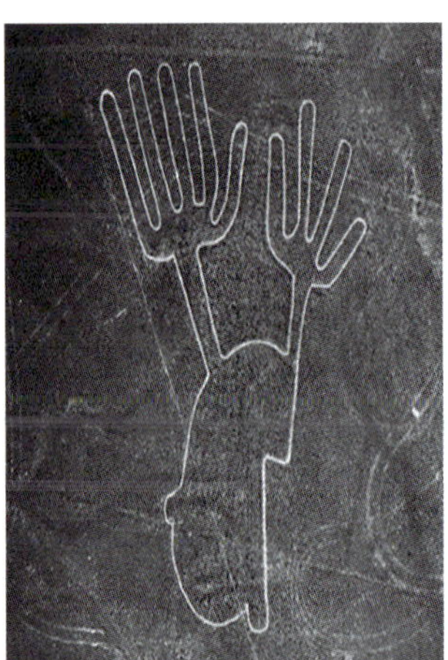

Figuren und Linien in den Pampas von Nazca, (Servicio Aerofotográfico Nacional, Perú).

Viel wurde bereits über die Umstände gesagt, die den Niedergang antiker Kulturen herbeiführten. Am ehesten gilt gewiss jene Hypothese, die diese Ereignisse mit Naturkatastrophen verbindet, die über Tausende von Jahren dieses Gebirge maßgeblich veränderten. Und sollte es sich bewahrheiten, dass es nur archäologische Beweise dieser Katastrophen gibt, wäre es interessant anzumerken, dass ihre Asche die Erinnerung und Traditionen von nachfolgenden Völkern nährte, die in den Überresten ein heiliges Zeugnis ihrer Existenz in früheren Zeiten erkannten, die in ihren ältesten Mythologien geschildert wurden.

Die Entstehungsgeschichte von Cusco

Jahrhunderte später, als Francisco Pizarro und seine Männer im November 1533 in das Herz des Inka-Reiches vordrangen, unweit der Gegend, die bisher beschrieben wurde, sahen sie, dass dort eine Stadt lag, was sie in großes Erstaunen versetzte. Diese war ausgestattet mit Palästen, esoterischen Tempeln, überquellenden Vorratshäusern und einem Stadtzentrum, das von Straßenzügen durchkreuzt war, die nach der auf – bzw. untergehenden Sonne ausgerichtet waren. Die heilige Stadt *Cusco* war der Sitz des Sohnes der Sonne unter der kosmischen Ordnung und in klosterähnlichen Anlagen wurden die Frauen geschützt, die für den immerwährenden kultischen Dienst erwählt worden waren. Diese Frauen webten auch die hochgeschätzten Textilien, mittels derer die Inkas ihre Loyalitäten vergalten und ihre Götter ehrten.

Nach einem Bericht von Pedro Sancho geht hervor, dass 1534 an die hunderttausend Häuser die Stadt in einem Halbkreis umrahmten. Innerhalb dieser residierten die alten Geschlechter des Landes sowie auch die Steuereinnehmer, die aus den entlegensten Gegenden gebracht wurden, die unter der Kontrolle des Reiches standen. Fast hundert ethnische Gruppen und zwanzig Sprachen sowie auch *Quechua*, das universal war, koexistierten in dieser Stadt, die in jener Zeit legitimerweise als der Nabel der Welt betrachtet wurde. Als solche war sie auch das Nervenzentrum eines riesigen Kommunikationssystems, verbunden mit seinen am weitest entfernten Provinzen mit Hilfe zahlreicher Straßen und Boten, behände Läufer, die „*chaskis*" genannt wurden und die, indem sie Teilstrecken liefen, Informationen auf *Quipus* weiter trugen, einem geknoteten Seil, das sie dazu verwendeten, um ihr Gedächtnis zu weben und wieder zu entflechten. Über diese Codes, mittels derer diese *Quipus* entziffert wurden, ist heute praktisch nichts bekannt; kürzlich aufgekommene Studien konzentrieren sich auf komplexe geometrische Darstellungen ihrer Textilien (*tocapu*). Mit Sicherheit kann gesagt werden, dass, wenn die *Quipucamayoc* (Spezialisten, die diese mysteriösen Aufzeichnungen enträtselten) über die Entstehungsgeschichte der Stadt befragt wurden, sie durch eine Fülle von mündlicher Literatur antworteten, die wie eine heilige Geschichte war, in der sich die wirklichen Taten in der magischen Atmosphäre der Mythen auflösten.

Tocapu.

Quipucamayoc (1613).

So wurde die Information zusammengestellt, die durch Niederschriften und Erinnerungen der Funktionäre und Chronisten der spanischen Krone bereitgestellt wurde, als der *Quipucamayoc* die Entstehung der ersten Völker erklärte, die neben dem sumpfigen Gebiet des ehemaligen, verdunsteten Sees siedelten, wo später die Stadt *Cusco* errichtet wurde.

Lares, Poques, Sahuasiras, Alcabisas waren unter anderem Namen der urzeitlichen Völker, von denen man sagte, dass sie vor der Ankunft der Inkas, den Söhnen der Sonne in diesem Tal geherrscht hatten. Es ist nicht bekannt, wer als erster dieses Tal bevölkert hat, außer der erste Name „*Acamama*“, der soviel bedeutet wie „diese Eine, die die Dinge enthält oder diese Eine, die die Mutter ist“ [14].

Es gab zahlreiche Geschichten darüber, wer die Inkas waren. Alle diese Studien warfen von damals bis heute dieselbe Frage auf, und es gab ebenso zahlreiche Antworten.

(14) Elorrieta, 1992: 247

Es gibt Versionen, die auf unzuverlässigen Dokumenten sowie auf semantischen Studien[15] beruhen und auch bestimmte kulturelle Charakteristiken, die auf Wanderungen von Völkern hindeuten, die in der unmittelbaren Umgebung des *Titicaca*-Sees lebten; andere Studien wiederum gehen von einer eigenständigen Entwicklung im Tal von *Cusco* aus, aber in Wahrheit gibt es in den verschiedenen Forschungen viele Widersprüche. Unbezweifelbar ist die epische Geschichte über ihren Ursprung, wie sie sie selbst aufgezeichnet und in ihren Mythen[16] und im Geist ihrer Arbeiten zusammengefasst haben.

Der Mythos

Von all den Schöpfungen, die die Menschheit gemein hat, gibt es vor allem einen Mythos in Form einer erstaunlichen Metapher, der Zauberei durch die Idee von Welt und Mensch in seinem frühesten Ursprung ausübt. So entstand der Mythos, subtil, die lebendige Inspiration der Vorstellung, der zugleich die Tore in den unendlichen Raum eröffnete, die wir nun Kultur nennen. Religion, Kunst und soziale Lebensformen wie auch die sagenhaften Merkmale, die immer ein Teil auf diesen langen und verschlungenen Wegen in die Erinnerung der Menschheit waren, leiten sich dadurch ab.

Die mythischen Zyklen über den Ursprung des Menschen, die Inkas und die Stadt *Cusco* sind reich an Symbolen, rituellen Gesten und übernatürlichen Heldentaten, die mit Beschreibungen der Geografie verbunden sind, in der die Heldentat aufscheint. In diesen Mythen werden die Helden und Gründer generell als Persönlichkeiten dargestellt, die von der Göttlichkeit auf der Suche nach einem Ort gesendet wurden, der vorher bereits ausgewählt wurde und der erst in dem Moment als solcher erkannt wird, wenn eine rituelle Geste oder Handlung, die von diesen Personen gemacht wird, von der Mutter Natur anerkannt wird bzw. von jenen Lebewesen, die auf ihr verweilen. Dieses Einverständnis wird in natürlichen Manifestationen wie Regenbogen, Blitze oder Licht, Regen oder Feuer reflektiert. Dies wird dann als Zeichen von glücklichem Zufall gesehen und wo immer es auf dieser langen Reise aufscheint, kennzeichnet ein Denkmal oder ein Grenzstein den Ort. Manchmal verwandelt sich in der Geschichte ein Mensch in einen Stein.

---

(15) Das *Quechua* von *Cusco* enthält 33,73% von verwandten Wörtern des *Puquina*, einer Sprache, die Mitte des 17.Jahrhunderts ausgerottet wurde und von der man annahm, dass es die Sprache war, die in *Tiahuanaco* gesprochen wurde (siehe Torero 1972: 59).

(16) Der volkstümliche Gebrauch des Wortes „Mythe“ weist auf eine Beziehung zu falschem Glauben hin, aber der semantische Gebrauch des Terminus impliziert dies notwendigerweise nicht. Kulturelle Mythen dienen dazu, verschiedene Wege der Wahrnehmung zu bündeln und auszudrücken, da ihre Bedeutung eine ideologische Funktion ist und dazu dient, die geteilten Werte, Haltungen und Glaubensinhalte als „natürlich“, „normal“, „einleuchtend“, „ gemeinsames Gefühl“ und „wahrhaftig“ darzustellen. (Fiske, 1982: 93-95, Fiske und Hartley, 1978: 41 in Chandler, 1988: 66)

Durch kulturelle Kontinuität ist diese mythische Struktur bis heute lebendig. Daher ist es auch nicht überraschend, dass nach den Mythen die Mitglieder der traditionellen Gemeinschaften im Heiligen Tal der Inkas miteinander verbunden sind und Grenzsteine, Zeugnisse oder Beweise die Wahrheit der Geschichte repräsentieren[17]. Die Inka-Zivilisation konstruierte nicht nur einen idealen Diskurs, der ihren göttlichen Ursprung legitimierte, sondern sie setzten gleichzeitig ihre Verständigung mit der Natur fort und gaben sich große Mühen, das Epos ihrer Herkunft Stück für Stück zu erklären, zu bewahren und physisch wieder zu erschaffen. Wie das vor sich geht, wird im nächsten Kapitel beschrieben. Die Geschichten über die Entstehung der Welt, der Inkas und die Stadt des Sohnes der Sonne – *Cusco* – sind eine Synthese verschiedener Versionen, die im 16. und 17. Jahrhundert gesammelt wurden.

Der Mythos über den ersten Menschen

Am Beginn aller Zeiten hauchte Wiracocha der Welt den lebendigen Atem ein und dort, als überall noch Dunkelheit vorherrschte, schuf er ein Geschlecht von Giganten, die er anwies, in Frieden miteinander zu leben, sodass sie ihm dienten und ihn über alle Zeiten als ihren Schöpfer anerkannten. Aber sein Wort wurde von jenen, die Stolz und Gier nicht zähmen konnten, nicht beachtet. So stieg er auf mächtigen Schwingen auf sie herab und stiftete Verwirrung und seine Wut fiel unkontrolliert wie ein Wirbelsturm auf die Erde, wo das Meer einen Teil der Menschheit verschluckte und andere in Steinpfähle verwandelt wurden – als Zeugnis dieses schrecklichen Ereignisses, bis die Flut (die „*unu pachacuti*" oder „Wasser, das die Welt veränderte" genannt wurde) aufhörte und das Wasser in seinen ursprünglichen Zustand zurückkehrte[18].

Monolithen von Tiahuanaco

Diese Monolithen von Pucara und Tiahuanaco setzten manche Chronisten des 16. und 17. Jahrhunderts mit den steingewordenen Zeugnissen der Existenz der ersten Menschen in Verbindung.

(17) Der Mythos, der den Ursprung der *Amaru* in der Region von *Pisac* erzählt, beschreibt einige Steine, die heute als Grenzsteine verwendet werden. Die Menschen setzten diese Steine in Beziehung zu dem früheren Grundbesitzer, der einen bestimmten Stein eingraben ließ, weil er fürchtete, dass der Pächter mit diesem Beweisstück sein Land wieder einfordern würde. (Granadino, 1993: 207)

(18) Auszug aus der Chronik von Sarmiento (1572), 1960: 206-208

Wiracochan oder Tunupa, der Vereiniger

Als der Regen vorbei war und das Land trocken, bestimmte *Wiracocha*, dass die Erde neuerlich bevölkert werde. Daraufhin ließ er, ausgehend von einer Insel im *Titicaca*-See das Firmament, die Sonne, den Mond und die Sterne aufgehen. Als der Himmel mit leuchtenden Körpern geschmückt war, erschien auch auf der Erde ein neues Wesen, das unter dem Namen *Wiracochan* bzw. *Tunupa* bekannt wurde und der den Menschen das Licht zeigte. Er war groß, streng, ärmlich gekleidet und trug nur eine Mütze wie eine Krone auf seinem Kopf; er hatte eine erstaunliche Gefolgschaft als Zeichen seiner Autorität und er durchquerte wie ein Pilger die Anden mit folgender Parole: Lasst die Völker gehorchen! Ich rufe euch auf, hervor zu kommen und euch zu vermehren! So kamen die Menschen aus den Seen, von den Quellen und Felsen, Höhlen und Bäumen, um von ihm Samen, Kunst und Sprachen zu empfangen, welche jedes Volk für sich entwickeln sollte. Er gab ihnen Anweisungen für das Leben, sprach zu ihnen in freundlichem Ton und lehrte sie, einander nicht zu verletzen und zu demütigen. Jene, die einander wehtun wollten, wurden in steinerne Statuen verwandelt, wie man sie in *Tiahuanaco*, *Pucara*, *Jauja* oder in der Stadt *Cacha* sehen kann[19]. Am Ende wurde ihm ein Heiligtum errichtet, nachdem er durch einen Feuerregen verbrannt wurde.

Tempel von *Wiracocha*

(19) Die Stadt *San Pedro de Racchi* liegt 125 km von *Cusco* entfernt, ziemlich nahe des erloschenen Vulkans von *Quinsachata* und in der Nähe des Tempels, der im Andenken an *Wiracocha* errichtet wurde. Cieza de León (1553), der sich auf diesen Teil des Mythos und auf die Vulkansteine berief, die in dieser Gegend gefunden wurden, drückte seine Überraschung angesichts der Umgebung aus, indem er sagte, dass nach dem Feuerregen „die Steine so verbraucht wurden, dass sie selbst Zeugen davon sind, wodurch sie gegangen sind, weil sie so verbrannt und leuchtend sind, dass sie wie Kork aufgehoben werden können."

Auf diesem Weg entlang gelangte Wiracocha an einen Ort, der Cusco genannt wurde und dort prophezeite er die Ankunft der Inkas[20]. Daraufhin reiste er weiter ins Heilige Tal, wo er vom Herrn der *Tambo* (*Apotambo*) herzlich empfangen wurde. Dort hinterließ er all sein Wissen in einen Pfahl eingraviert, und in den Erinnerungen der Menschen verblieb sein Bild, das später zu einem Abbild seiner selbst eingemeißelt wurde. Schließlich setzte er seinen Weg in Richtung Äquator fort, wo er sich im Meer verlor, über dessen Oberfläche er wanderte und mit den Schaumkronen eins wurde.

Gemäß der Version, die von Chronist Joan de Santa Cruz Pachacuti berichtet wird, wurde der Pfahl, den *Wiracochan* hinterließ, in dem Moment zu Gold verwandelt, als der erste Nachkomme des Geschlechts der *Tambo* geboren wurde, den man *Manco Capac* nannte. Er nahm den goldenen Pfahl, lenkte seine Schritte auf die höchsten Gipfel des gebirgigen Landes, wo er die Stadt Cusco gründete.

In einer anderen Version des mythischen Zyklus, wie er von Antonio de la Calancha (1638) gesammelt wurde, wird nur der Beginn und das Ende der Geschichte beiläufig erwähnt, wohingegen die Wallfahrt des *Wiracocha* als eine Reise unter die Erde beschrieben wird (eine Metapher, die eine Verschiebung von Raum und Zeit anzeigt: vor langer Zeit und weit entfernt), dann erschien er wieder durch ein „Fenster" in der Stadt von *Tambo*, woraufhin er sich endgültig in Stein verwandelte.

Merkwürdigerweise wird die Verbindung, die in dieser Mythe zwischen der Stadt *Tambo* und der Stadt *Cusco* hergestellt wird, auch in einem alten Inka-Gebet gemacht, das von Cristóbal de Molina im Jahre 1573 aufgezeichnet und übersetzt wurde:

Oh *Wiracocha*! Mein Vater, der sagte: Lass hier *Cuscos* und *Tambos* entstehen, lass diese deine Söhne Eroberer und Plünderer sein, ich bete zu dir, sodass sie glücklich seien und diese Inkas, deine Söhne, mögen weder geschlagen noch beraubt werden, sondern lass sie immer Eroberer sein, da du sie dafür geschaffen hast.

Wiracochan wurde in *Tambo* oder *Ollantaytambo* zu Stein verwandelt.

(20) Betanzos (1551), 1880: 8

So versteinert - ein Grenzstein, der zu einer bestimmten Zeit inmitten einer Umgebung errichtet wurde, deren älteste Erinnerungen das Zeugnis einer multiethnischen, kulturell und biologisch vielfältigen Hochkultur sind - erkannten die Menschen in demselben Helden einen gemeinsamen Wohltäter, der den Keim einer Idee darstellte, die im Laufe der Zeit den Grundstein für ein Königreich bilden würde.

Später wurde der Mythos wieder erschaffen, er bezieht sich auf dieselben Orte, was auf die Bedürfnisse zurückzuführen ist, die durch den gesellschaftlichen Entwicklungsprozess entstanden. In ihm wird die Geschichte des Hauses der Morgendämmerung und der *Ayar* Brüder erzählt, deren Los in dieser Zeit darin bestand, die göttliche Linie des Inka-Herrschers zu gründen.

Zwischen Mythos und Geschichte

Das zwanzigste Jahrhundert war besonders reich an Studien, die zu dem Zweck betrieben wurden, den Ort des mythischen Ursprungs der Inkas zu entdecken. Da sie Teil der alten Art zu denken waren, nahmen diese Studien unvermeidlich die Existenz eines konkreten Konzeptes der Mythe von *Pacaritanpu*[21], des Hauses der Morgendämmerung, an – einem Ort, der für einen berühmten Schrein gehalten wird (nachdem er am *Titicaca*-See geschaffen wurde), von dem die Tradition besagt, dass die ersten Inkas als Götter hervorkamen. Trotz der Existenz zahlreicher und voneinander abweichender Versionen, die den Ort dieses berühmten Heiligtums betreffen, konzentrierten sich die Forscher in ihren Studien bevorzugt auf die geografische Umgebung von *Paruro* in der Provinz *Cusco*, da es dort eine Stadt mit dem Namen *Pacarectambo* gibt (dieser Name wird mit dem Herkunftsort der Inkas assoziiert). Indem man sich auf die Chronik von Sarmiento (1572) und auf Namen vieler Orte berief, die in seinem Bericht enthalten sind (einige davon

---

(21) Diese Wort wird oft erwähnt, aber zu jener Zeit gab es noch keine standardisierte Schreibweise und deswegen wurde es von den Chronistenverscheiden geschrieben. So finden wir: *Pacaritanpu*, *Pacaritambo*, *Pacarictanpu*, *Pacarectanpu*, *Pacarectambo* : Von all diesen glauben wir, dass „*Pacaritanpu*" die beste Übersetzung ist.
Pacariui: Der wichtige Ort, an dem jemand geboren wurde (Bertonio, 1612, II 1879: 241)
Paccarin: Morgendämmerung (Gonzales Holguin 1608, 1989: 266)
Tanpu: Wohnung, Haus (Ibid)
Pacaritanpu wird dem zu Folge als Haus der Morgendämmerung verstanden, das Gasthaus, in dem jemand geboren wurde und was metaphorisch soviel heißt wie: der Ort, der den Beginn eines neuen Tages bezeugte oder die Geburt einer Dynastie.

existieren tatsächlich in dieser Umgebung) dachte man, das Rätsel wäre gelöst[22]. Erst später sollte man herausfinden, dass bis 1571 – ein Jahr vor der Beendigung von Sarmientos Geschichtsschreibung – die Stadt, die jetzt *Pacarectambo* genannt wird, nie existiert hat[23].

Dies wirft einige Fragen auf. Was veranlasste die *Quipucamayoc* – Sarmiento zählt zweiundvierzig von ihnen auf - die Wahrheit auf diesen Teil ihrer Geschichte zu schwören? Geschah dies möglicherweise durch einen endgültigen und listigen Akt, durch den sie ihr wertvollstes Heiligtum vor Zerstörung schützten?

Es scheint, dass es so gewesen sein könnte, bis mehr als hundert Jahre nach der ersten Ankunft der Spanier in *Cusco*, als das Reich schon lange nicht mehr existierte und damit der politische und religiöse Einfluss der ursprünglichen Mythe nachließ, Bernabé Cobo (1653), ein berühmter Priester jener Zeit, die Geschichte der Frühzeit untersuchte und die Geschichte von Don *Alfonso Topa Atau*, Enkel des *Inka Huayna Capac*, in einer Version hörte, die nicht länger Zweifel über den Ort des berühmten „Hauses der Morgendämmerung" aufkommen lässt. Er erwähnt genau den Ort *Tambo*, bekannt auch als *Ollantaytambo*, eine Stadt, die im mittleren Teil des Heiligen Tales der Inkas liegt. Ein weiter oben gelegener Teil des Tales war in der Kolonialzeit als „Tal von *Yucay*" bekannt.

Aus dieser Version, die Cobo später in seiner „Geschichte der Neuen Welt" veröffentlichte, zitieren wir folgenden Abschnitt:

„ Nachdem sie (die Inkas) von ihrem Vater, der Sonne, am *Titicaca*-See ihre Heimat erhalten hatten, befahl er, dass sie die Straße und den Weg nehmen sollten, der ihnen gefiel...Und als die Sonne, ihr Vater, ihnen Lebewohl sagte, gingen sie rund um *Cusco* herum und versuchten, den goldenen Stab in die Erde zu stoßen, um zu sehen, wo sie anhalten könnten. Da gelangten sie ins Yucay-Tal und gingen am Flussufer entlang, das durch das Tal führt und hielten um *Pacaritanpu* (was Schlaf der Morgendämmerung bedeutet)... So kamen sie aus der Höhle, die der oben erwähnte Sitz des *Tanpu* ist, *Tambo*, der wegen eines Fensters aus Stein *Pacaritanpu* genannt wird... Sie kamen bei Sonnenaufgang heraus... Deshalb gaben sie dem Ort diesen Namen und sie brachen durch das Tal nach Cusco auf..."

---

(22) Pardo, 1946; Urton, 1989; Bauer, 1992; Angles, 1995

(23) Urton, 1989 in Revista Andina, No. 1

Im Gegensatz dazu, was man zu jener Zeit dachte, enthielt die später von Cobo geschriebene Chronik (die aus diesem Grund von den Forschern nicht ernstgenommen wurde) ein unklares Ende, das die Autoren dazu verleitete, die in der Chronik beschriebene Route zu erforschen. Durch den Vergleich mit allen anderen Routen, die sich auf diese Geschichte bezogen, war es möglich, in der Stadt *Tambo* oder *Ollantaytambo* nicht nur jene Merkmale und heiligen Grenzsteine, die mit dem Mythos im Zusammenhang standen, zu identifizieren, sondern auch das berühmte „Haus der Morgendämmerung" – ein Bauwerk, dessen Architektur und spezielle Ausrichtung im Hinblick auf die Sonne es letztendlich ermöglichte, die fantastische Symbolik, die von früheren Forschern unberücksichtigt blieb, zu verstehen. Es scheint, dass diese Symbolik, die in den verschiedenen Geschichten über den Ursprung der Inkas gefunden wurde, gleichfalls ein Beitrag zu den astronomischen Wissenschaften war, die es dieser Zivilisation erlaubte, sich voll und ganz in diese gewaltige Natur zu integrieren, die sie beherbergte. Sie fantasierten im Jahre 1542 auch nicht (der früheste Bericht über dieses Thema stammt aus diesem Jahr), als der *Quipucamayoc*, der den Ursprung der Inkas erläuterte, dem spanischen Beamten Vaca de Castro verkündete:

„...dass Manco Capac, der erste Inka, der Sohn der Sonne war und aus dem Fenster eines Hauses hervorkam und der durch einen Strahl erzeugt wurde, dem Glanz der Sonne... dann ging er auf den Gipfel eines Berges, wo er das Tal von Cusco überblicken konnte..." und gründete dort später die Stadt.

Lasst uns eintauchen in die magische Aura dieser Geschichte:

Der Mythos des Hauses der Morgendämmerung, die Ayar Brüder und die Gründung von Cusco

Als die Welt bereits geschaffen war, erschien *Wiracocha* als strahlender Mensch und er schuf die Inkas. Dann rief er den Ältesten unter ihnen zu sich, der *Manco Capac* genannt wurde und sagte zu ihm: „Du und deine Nachkommen werdet große Herrscher sein und Völker unterwerfen, ihr werdet mir als eurem Vater huldigen und ihr werdet immer als meine Kinder geachtet sein." Er vertraute ihnen das *Tupayauri* als Ehrenzeichen an (dies war eine Art goldener Stab) und wies sie an, das es sein Wille sei, dort eine Stadt zu gründen, wo dieser Stab auf die Erde sinken sollte.

Sie verließen den *Titicaca*-See und wanderten nordwärts, wo sie versuchten, den goldenen Stab in die Erde zu stoßen, bis sie in das herrliche Tal von *Yucay* gelangten (das bereits als das Heilige Tal der Inkas bekannt war) und dort dem Flussufer folgten, das sich durch das Tal zog (*Wilcamayu* oder Heiliger Fluss) und schließlich *Tanbo*[24] erreichten. Dort betraten sie die Grundmauern von *Pacaritanpu*, was soviel wie „Haus der Morgendämmerung" oder „Haus der Fenster"[25] bedeutet.

In dieser Zeit öffnete die Erde ein Fenster - *Tanputtoco* oder *Capacttoco*[26] (eine Art in die Erde weisendes Fenster) – und aus diesem Fenster trat *Manco Capac* durch einen Lichtstrahl der Sonne[27] hervor.

Die pyramidale Struktur von *Pacaritanpu*, in der Stadt *Tanbo* oder *Ollantaytambo* gelegen. Bemerkenswert, wie ein Lichtstrahl durch eines der „Fenster" (rechte untere Ecke) tritt, wie dies auch im Mythos geschieht; diese Nabelschnur vereinigt den Kosmos und den Menschen, während der Rest des Tales im dunklen Schatten verbleibt. Nur zur Wintersonnenwende (21.Juni) ist dieser Effekt sichtbar – an dem Tag, an dem das *Inti-Raymi*-Fest, das Fest der Sonne, zelebriert wird.

(24) Cobo (1653), 1956 III: 147

(25) Cabello (1586), 1951: 260-264

(26) *Tanputtoco*: Das Fenster von *Tanbo*/ *Capacttoco:* Das Fenster des Königs Betanzos (1551), 1880: 10

(27) Vaca de Castro (1542), 1929: 6-12

Detail eines der "Fenster" von *Pacaritanpu* und der Annäherung des Lichteffekts, der Diesem Ort eine heilige Aura verleiht. Das in diesen Raum eintretende Sonnenlicht symbolisiert die Vereinigung von Himmel und Erde und die „Erleuchtung" seiner Helden ist ein Produkt dieser engen Verbindung, weshalb sie Söhne der Sonne genannt werden.

Von diesem Ort kamen *Ayar Uchu*, *Auca* und *Cachi* die von *Mama Ocllo*, *Cura*, *Ragua* und *Huaco* begleitet wurden. Diese Frauen trugen Getreidesamen und goldene Gefäße, mit denen sie die Brüder erwarteten. Bewaffnet mit Hellebarden aus Gold und Wurfschleudern aus geflochtenen Muskeln kletterten sie hinauf, von wo sie sich in alle Richtungen verteilten, sodass das Sonnenlicht, das ihr Äußeres schmückte, in ihren kleinen goldenen Spiegeln reflektierte.

Sie waren sich selbst gegenüber streng und schienen weise. So nahmen sie den Weg auf. Da bemerkten sie die Stärke von *Ayar Cachi*, der mit einem einzigen Wurf einen Berg spaltete (siehe Foto auf Seite 28) und mit anderen Würfen brachte er Berge zu Fall bis ins Tal, wodurch der Natur großer Schaden zugefügt wurde; *Manco Capac* oder *Ayar Manco*, der der vernünftigste von ihnen war, stimmte mit seinen Brüdern überein, dass sie sich von *Ayar Cachi* trennen müssten. Um das fertig zu bringen, sagten sie: „ Bruder, wir wissen, dass wir in *Capacttoco* die goldenen Trinkgefäße hinter uns ließen und ebenso das *Napa*[28], das unser wichtigstes Ehrenzeichen ist; es wäre das Beste für uns alle, wenn du gingest, um diese Dinge zu holen."

---

(28) Das *Napa* war ein weißes *Alpaca*, das mit einem roten Mantel und mit goldenen Ohrringen bedeckt war, wie es die reichen Inkas trugen, um ihre reichlich vorhandenen Herden zu symbolisieren. (Sarmiento, 1572/1960: 215)

Ansichten einer seltsamen, geologischen Formation mit einem eingezwängten Stein in der Mitte. Die mündliche Überlieferung in *Ollantaytambo* besagt, dass dies das Ergebnis von *Ayar Cachis* Steinschleuder war.

So freundlich baten sie ihn, an den Ort zurückzugehen, von wo sie her kamen und dort blieb er schließlich begraben. An jenem Tag bebte die Erde.

Nachdem sie über seinen Tod geweint hatten, kamen sie mit den Leuten der Umgebung überein, ein Dorf namens *Tanpuquiro* zu gründen, was „Haus wie Zähne" bedeutet und sie vergaßen ihren Bruder. Eines Tages aber sahen sie ihn zurückkehren, gehalten von riesigen Schwingen aus farbenprächtigem Gefieder. Sie fürchteten sich und wollten fliehen, aber er nahm ihnen die Angst, indem er zu ihnen sagte: „Fürchtet euch nicht und seid nicht betrübt. Ich kann zu euch nur sagen, dass es Zeit ist, um die Macht zu wissen, die unser Vater uns gab. Ich ersuche euch, dieses Tal zu verlassen und den Weg fortzusetzen, bis ihr den Platz findet, wo ihr einen prächtigen Tempel zu Ehren der Sonne bauen werdet. Ich werde zu *Wiracocha* beten, dass ihr bald zu Königen erhoben werdet und hier in der Nähe auf einem Hügel bleiben." Trotzdem wurde er vom Schlag einer Wurfschleuder abgeschossen und blieb mit gebrochenem Flügel liegen, wo er schließlich zu Stein wurde[29].

(29) Cieza de León (1553), 1880: 20

Steinernes Monument, das in Art eines heiligen Grenzsteins diesen Teil des Mythos wieder erschafft. Es wurde in *Ollantaytambo* gefunden und stellt einen Kondor dar. In diesem Komplex wurden zahlreiche Altäre eingemeißelt.

Künstlerische Darstellung des Monumentes, das *Ayar Cach*i gewidmet ist.

In der andinen Kosmogonie bedeuten diese Umwandlungen in Stein, die den Übergang von einer Form des Lebens in eine andere symbolisieren, nicht eine endgültige Trennung von dieser Welt, sondern man nimmt an, dass diese Wesen in ihrem neuen Zustand ihren Beitrag zum dynamischen Zustand des Lebens leisten. Deswegen wurde diese monumentale Skulptur empfangen, so wie sie auch einzelne Merkmale von ästhetischem Ausdruck hat. Sie zeigt uns nicht nur den natürlichen Ausdruck in seiner Form, sondern auch den Kontext, den diese Zeit schafft, wenn gemäß ihrer religiösen Ideen alle Natur wieder erschaffen wurde.

Die Wintersonnenwende in den Anden markierte die Zeit, als die Sonne wiedergeboren und die Welt wieder belebt wurde, während die Sommersonnenwende die Zeit der nahenden Reife festsetzte. Die Merkmale, die die Bilder der Sonne in den Zeichnungen von Guaman Poma (1613) haben, zeigen diese alten Vorstellungen.

Und wie man von der Sonne dachte, dass sie am 21. Juni wiedergeboren wird, so nahm man dies auch von den anderen Göttern an. Man sieht auf dem Foto, dass in den frühen Morgenstunden der Teil, der dem Kopf des Monumentes entspricht, einen Schatten wirft, der eine Allegorie seines Geistes ist, der neu in der Welt aufkommt.

Sechs Monate später, während der Sommersonnenwende (22. Dezember, wenn die Natur üppig und reif ist), steigt seine „Lebenskraft" über Mittag auf die Erde herab, um alle Gaben zu empfangen, die auf seinem Altar liegen. Gemäß der alten Tradition, wenn zu dieser Zeit des Jahres *Capac Raymi* oder das Große Fest zelebriert wird, kehren die Toten zurück, um mit den Lebenden zu kommunizieren und die Inkas hielten Fiestas mit ihren Ahnen. Nach dem Bericht von Cobo (1653) „ war der Grund, warum sie die Körper der Toten herausnahmen, der, damit sie mit ihren Ahnen trinken konnten und bei dieser Gelegenheit fragten sie ihre Vorfahren, ob sie sie ebenso tapfer machen könnten, wie sie selbst einst waren."

In dieser fotografischen Detailansicht erkennt man den Schattenwurf, der in der Detailansicht dem Schnabel eines Vogels entspricht, der auf den Altar herunterkommt und der ihm als Futterplatz dient. Dieser Schatten fällt genau auf die Mitte des Altars, wo ein Sonnenuhranzeiger das Datum der Sommersonnenwende fixiert.

Nach dieser Verwandlung in Stein riefen die Brüder gemeinsam zehn *Ayllus* (Gemeindegruppen) und brachen mit ihnen auf, um den Ort zu suchen, der ihnen beschrieben wurde. *Manco Capas* führte das Gefolge an, er trug den goldenen Stab in der Hand und in der anderen den heiligen Vogel, *Indi*, der in einem Korb geschützt war. Man sagte, dass er eine seltsame Macht auf jene ausübte, die ihm folgten.

Manco Capac und der Vogel *Indi*, gezeichnet von Antonio de Herrera (1615)

Mit dem Land, das sie fanden, waren sie nicht zufrieden. So kehrten sie nach *Tanpuquiro* zurück, wo *Mama Ocllo*, die Frau des *Manco Capac*, einen Sohn gebar, den sie *Sinchi Roca* nannten. Nach den Festtagen anlässlich seiner Geburt nahmen sie den Weg wieder auf, der sie diesmal an den Fuß eines Berges brachte, den sie *Huanacauri* nannten. Dort bestimmten sie ihr Schicksal: *Manco Capac*, der bereits einen Sohn hatte, sollte, ihr Führer sein, *Ayar Uchu* würde dort als heiliger Stein (*huaca*) bleiben und *Ayar Auca* würde das Land nehmen und es bevölkern, wo immer sie es befahlen. Nachdem sie dies entschieden hatten, richteten sie ihre Augen an die Spitze des vorher erwähnten Berges und sahen einen Regenbogen, den sie als Zeichen erkannten, dass die Welt nie wieder von Wasser zerstört werden würde. Aber das Schicksal von *Ayar Uchu* war bereits besiegelt, da er gleich an jenem Ort zu Stein wurde, wo der Regenbogen geboren wurde. Später, als sie sich dem Gipfel näherten, versuchten sie den goldenen Stab in die Erde zu stoßen und schließlich drang er ein. Genau an jenem Platz erblickte *Manco Capac* das Vorgebirge, das sich in das Sumpfland erstreckte und am Kopf eines breiten Tales gelegen war. Er zeigte dies seinem Bruder *Ayar Auca* und sagte zu ihm: „Sieh dir diesen Felsen an! Geh und fliege hinüber (sie bemerkten, dass sie schnell wachsende Flügel hatten) und wenn du dich dort niedergelassen hast, nimm diesen Ort in Besitz.“ Nachdem er diese Worte gehört hatte, tat er, wie ihm geheißen war und wurde dort sogleich zu Stein – ein Grenzstein als Zeichen des Besitztums, der in der Sprache diese Tales *Cusco*[30] genannt wurde.

Garcilaso de la Vega (1609) gibt dem Namen *Cusco* einen ähnlich lautende symbolische Bedeutung, die aus dem *Quechua* kommt und “*Qosqo*” bedeutet: Nabel der Welt.

---

(30) Sarmiento (1572), 1960: 213-218

Das Zeremonienzentrum Inticancha

Es begann mit dieser Mythe, als der *quipucamayoc* diese Vorkommnisse aufzeichnete, die sie verherrlichten und Jahrhunderte später erzählten - die Taten des Inka-Geschlechts. Unter diesen erzählten sie immer wieder, wie zu Beginn dieser Zivilisation der Sohn der Sonne im Tal von *Cusco* erschien, erfüllt von Sonnenlicht in seinen goldenen Kleidern und gemeinsam mit der Anhängerschaft, die seiner Erscheinung folgte, und das Gebiet in Besitz nahm, das von zwei Flüssen genährt wurde (*Saphy* und *Tullumayu*). Dort gründete *Manco Capac* das *Inticancha* - das Haus der Sonne. Davor vertrieb *Mama Ocllo*, seine Frau und unbezwingliche Kriegerin, die Leute, die dort wohnten.

So entstand auf 3.350 m in einem trockenen, der Gesundheit durchaus zuträglichen Tal ein Zeremonienzentrum, das von mächtigen Gebirgszügen umgeben war. In dem Moment begann das Herz von etwas zu schlagen, das eines Tages das Reich der vier Enden der Welt werden sollte: *Tahuantinsuyo*: Später würde man sie als vier Räume bezeichnen, die Canchas oder Höfe genannt wurden, die rund um den Tempel gebaut wurden, in dem sie den Stein in Ehren hielten, zu dem *Ayar Auca* wurde. Von dort begannen sie, sich den Rest des Tales einzuverleiben, um der Sonne zu huldigen und ihre Maisfelder blühen zu sehen.

Die Stadt *Cusco*. Auf den Aschen und Grundmauern des einstigen Haupttempels der Inka-Kapitale stehen heute stolz wunderschöne zierliche Kolonialbauten.

Es dauerte nicht lange, bis einige der Leute, die in der Umgebung des Tales lebten, begannen, Abgaben an den Tempel zu schicken. *Manco Capac*, der selbst älter wurde, befahl den zehn *Ayllus*, die ihn auf dieser epischen Reise vom Haus der Morgendämmerung begleiteten, zu versprechen, dass sie Garanten und Beschützer dieses Geschlechts seien. Er übergab seine Macht schließlich an seinen Sohn *Sinchi Roca* und seinem Nachfolger hinterließ er sein „*huauque*" oder „Double", das ein Orakel ist, welches im Bild des Vogels *Indi* verehrt wird.

In der von Sarmiento de Gamboa (1572) überlieferten Version verteidigten die Inkas fest ihre Vorherrschaft im Tal von Cusco – bis zur Herrschaft von I*nka Roca*, dem 6. in der Dynastie, als die Kinder der Sonne das Leben im Tempelbezirk aufgaben und sich in den umliegenden Gebieten niederließen. Vielleicht war dies das Ende der Zeit, die durch das Zeremonienzentrum vorgegeben war – und eine neue Stadt wurde geboren. In Zukunft (nachdem die Inkas die Niederlage der Krieger bewältigt hatten, die aus den Tiefen der *Apurimac*-Schlucht kamen) – würde diese Stadt unter der Schutzherrschaft von *Inka Yupanqui* erblühen.

Ruinen des Monumentes, das die Residenz von *Inka Roca* war

Pachacutec, *Inka Yupanqui*

Er wurde als Edelmann beschrieben, dessen Schicksal es anscheinend war, ihn von der Macht fern zu halten. *Inka Yupanqui* verteidigte die Heilige Stadt *Cusco* gegen die einfallenden *Chanca*-Krieger und wurde damit Inhaber der Macht. Die Stadt war bis dahin unverteidigt, weil sie von seinem schrecklichen Vater, Inka *Wiracocha*, und dem offiziellen Nachfolger, Inka *Urco*, verlassen worden war.

Am Ende siegreich und entgegen der Tradition wurde *Inka Yupanqui* mit der königlichen Krone gekrönt und von den Menschen als *Pachacutec* gefeiert (- der, der die Welt verändert). Er war ein geschickter Politiker, weise insofern, als er wusste, aus welchem Stoff die Interessen der alten Geschlechter gewoben sind, die sich um die Macht stritten. Er trat eine Pilgerreise zum „Haus der Morgendämmerung" an, das er zum Orakel und Heiligen Schrein ausrief. Nachdem er den Kalender reformiert hatte und die Stadt *Tambo* als seine eigene ausrief, war es ihm möglich, jene zu unterwerfen und Kontrolle über sie auszuüben, die die Legitimität seiner Herrschaft in Frage stellten[31]. Im Laufe der Zeit errichtete er eine Regierung mit einem pyramidalen Gericht, an dessen Spitze der Inka saß, der von einer Klasse Adeliger unterstützt wurde, darunter die Klasse der Privilegierten und dann das gewöhnliche Fußvolk. Er verwaltete die Schätze des Reiches mittels eines Systems von Zehnereinheiten: Der Oberste jeder Familie berichtete einem, der jeweils zehn kontrollierte und dieser wiederum unterstand einem, der auch für zehn verantwortlich war – und so ging es weiter bis zu jenem, der vierzigtausend kontrollierte. Nach der Organisation der Regierung begann er die Wiedererrichtung von *Cusco*, das durch seine Anordnung und auf seine Ausführung hin das Aussehen veränderte. Anstatt Lehm und Stroh wurde Stein als Baumaterial verwendet, wie auch Bindemittel zur Errichtung von Gebäuden aufkamen, die sein Image und seine Rolle als Herrscher festigten. Zwanzig Jahre lang arbeiteten mehr als fünfzigtausend Männer ohne Unterbrechung an der Errichtung von Aquädukten, Vorratsspeichern, Tempeln, Palästen und was immer die Stadt noch brauchte – eine Stadt, die nach und nach die Form ihres Totemtieres annahm: des Pumas.

Künstlerische Wiedergabe von *Cusco* – der Stadt des Pumas

(31) Sarmiento (1572), 1960: 237-239

Vom Herzen der Stadt – der Plaza central – ließ er Straßen in die vier Himmelsrichtungen anordnen, die er und seine Armee auf dem Weg ins Hochland benützten. Es wurden Raststätten für das Ende des Tagesmarsches errichtet und er ließ diese Unterkünfte, die man *tambos* nannte, gut mit Lebensmittel versehen. Sie versorgten sich dort mit Salz, Kartoffeln, Quinoa und Lamas, mit denen sie bis an den Rand des Urwaldes hinabstiegen, von wo sie mit Koka, Gold, Nahrung und bunten Federn zurückkehrten.

Lama-Leine und Straße, die in den Urwald hinabführt (*Wiñayhuayna*)

Einige der zahlreichen Straßen, die zur Blütezeit des Imperiums ein exzellentes Straßennetz von mehr als 23.000km[32] darstellten, führten an tiefen Abgründen im Gebirge entlang oder kreuzten unerwartet

Die Basis einer Inka-Brücke, die den *Vilcanota*-Fluss in *Ollantaytambo* überquert, und die

Queswachaca-Brücke über den *Apurimac*-Fluss.

(32) Hyslop, 1992: 54-56

Hängebrücken zwischen scharfkantigen Felsen schwebend, über die man die weitverstreuten inner-andinen Täler und jene der Küstenwüste erreichen konnte. Getreide, Bohnen, Knoblauch, Baumwolle, Erdnüsse, getrockneter Fisch und Meeresmuscheln waren unter den Produkten, die als Abgaben in die Heilige Stadt strömten. Man brachte auch feinen Sand von der Küste, um ihn auf der Plaza aufzutragen, wo sich alle Straßen trafen.

Die Statthalter der untergebenen Völker und die Elite ihrer Provinzen wurden aus *Pasto* (Kolumbien) und vom *Bio-Bio*-Fluss im äußersten Süden des Reiches (Chile) gebracht. Töpfer, Metallarbeiter, Weber, Handwerker und die Götter, die sie verehrten, wurden nach *Cusco* gebracht, sodass man, wenn man durch die Stadt ging, gemäß Garcilaso (1609) „ das ganze Reich sehen und verstehen konnte, als ob man in einen Spiegel oder in eine kosmografische Malerei blickte", wohingegen der Geist des Imperiums sich im Sonnentempel materialisierte – im *Qoricancha*.

Der *Qoricancha*

Am selben Ort, wo die Vorfahren ihren ersten Tempel errichteten, stellte der *Qoricancha* (Goldene Hof) einen goldenen Spiegel des Reiches dar, in dem sich die Andenvölker ehrerbietig und barfüßig selbst erblickten.

Mit allen vorstellbaren Gütern versorgt war dieses Spiegelbild ein Wunsch des Inka *Pachacutec*, nachdem er im Traum einen Kristallspiegel erhalten hatte (noch bevor er seine Feinde eroberte und gekrönt wurde); in dieser Kristallfläche, die hell wie die Sonne glänzte, zeigte ihm *Wiracocha* all das, was eines Tages sein Reich werden würde[33].

Der *Qoricancha* wurde als Kunstwerk von edelster und erhabendster Architektur gebaut. Die ältesten teile bestehen aus grünem Diorit, sie verwendeten roten Andesit in den Gärten und dunkelgrauen Andesit für die Grundmauern und die Tempelräume. Diese Räume hatten Nischen und trapezähnliche Türöffnungen[34] und waren der Sonne, dem Mond, den Sternen, dem Blitz und dem Regenbogen geweiht. Diese Anlagen waren in einem einzigen Komplex rund um einen weitläufigen, zentralen Hof mit einem Brunnen in der Mitte zusammengefasst. Nachdem die esoterische Bedeutung der Farben und Reichtümer, die sie enthielt, uns verloren ging, reflektierte diese Architektur die Gediegenheit, die von der sie umgebenden andinen Landschaft.

---

(33) Molina (1574), 1943: 20

(34) Die funktion der trapezähnlichen Anlage ist ähnlinch derer des Bogens, wo die Kraft vertikal und zeitlich geteilt wird; das Trapez wurde das Kennzeichen der Inka-Architektur.

Der Säulengang des Klosters von Santo Domingo wurde auf den Grundmauern um den Brunnen herum und auf dem breiten Patio des *Qoricancha* errichtet.

Nach dem verheerenden Erdbeben, das *Cusco* 1950 erschütterte und Teile des Säulenganges zerstörte, legten Restauratoren die Grundmauern des unbeschadeten *Qoricancha* von den Ruinen der Kolonialbauten frei, die darauf aufgesetzt wurden. Die Mauern, die dem Blitz und dem Regenbogen geweiht waren, sind in der Fotografie sichtbar.

Die Mauern der Sterne

Detail der Innenräume

Wie auch von der kargen und der sich im Gleichgewicht haltenden Natur ihrer Erbauer angeregt war. Seit jener Zeit –(nach Fertigstellung des Tempels, der das Zentrum des Reiches darstellte)-, florierte der Kult des *Wiracocha* und obgleich die Inka Religion als polytheistische Religion verstanden werden könnte, war sie in Wirklichkeit monotheistisch, da diese Elemente, die man für zahlreiche Gottheiten hielt (Sonne, Mond, Sterne, die Erde und ihre Elemente, die Kultur gründenden Helden und sogar die Mumien der Vorfahren) nur als Vermittler zwischen dem höchsten Wesen, der unsichtbaren Substanz, die von den Eingeweihten verehrt wurde, den Priestern und den weisen Männern, die im Tempel lebten, gesehen wurden. Die alten Inka-Gebete, die 1613 vom einheimischen Chronisten Joan de Santa Cruz Pachacuti übertragen wurden, scheinen dies zu bestätigen.

Gebet an *Wirachocha*

Oh *Wiracocha*!
Erster Ursprung
Herr, der sagt:
Lass´ diesen Mann sein,
lass´ diese Frau sein.
Herr des Lichtes und der Zeitalter-
Wo bist du?
Darf ich dich nicht sehen?
Ist dein königlicher Altar
in der höheren Welt?
In der Unterwelt?
Auf der Erde?
Höre mich
Du, der du über dem Meer
bleibst
Und unter dem Meer sich
verändert,
Animator des Universums
Schöpfer des Menschen
Herr der Herrscher
Ich möchte dich schauen
Mit meinen unvollkommenen
Augen.
Wenn ich dich sehe,
dich kenne,
dich verstehe,
wirst du mich sehen
und du wirst mich kennen.
Die Sonne und der Mond,
der Tag und die Nacht,
der Sommer und der Winter
nicht vergeblich
gehen sie an den Ort, der gewählt ist
und sie gelangen an ihre Grenzen.
Was immer das Szepter sein mag,
das du mich erheben ließest
Höre mich an
Höre mir zu
Solange ich nicht zu müde bin
Oder tot[35].

(35) Inka-Gebet, niedergeschrieben vom Indio-Chronisten Juan de Santa Cruz Pachacuti (1613), 1927: 148

Es ist bekannt, dass für diese Edelmänner, die sich vom gewöhnlichen Volk abhoben, indem ihr Haupt rasiert war[36] und ihre Ohrläppchen durch schwere Anhänger gedehnt wurden, Gold mehr als nur etwas Nützliches für den Handel war; wegen seiner Farbe und Unverderblichkeit wurde das Metall mit dem Kult des Geistes der Sonne assoziiert, dessen Brillanz im *Qoricancha* zum Ausdruck kommt. Dokumente aus dem sechzehnten Jahrhundert beschreiben den Tempel der Sonne, der mit Gold eingefasst war und in seinem Inneren, wo das Heilige Feuer ununterbrochen gehütet wurde, hingen Goldplatten von den Wänden und verschönerten das Ambiente.

Inka-idol mit deformierten Ohrläppchen*

Dank einer raffinierten Vorrichtung, einer plankpolierten Scheibe mit der Figur der Sonne, wurden die ersten Sonnenstrahlen reflektiert und erhellten diesen Raum und speziell die menschliche Darstellung des Abgottes *Punchao* („Tag"). Im Bauch dieser Figur befand sich ein Gefäß, das die Asche der Herzen der Inka-Vorfahren[37] enthielt.

Betende Inkas vor dem Haus der Morgendämmerung. Man erkennt die rasierten Köpfe und die überlangen Ohren. Guaman Poma 1613

(36) Heute stellen volkstümliche Illustrationen die Führer der Inka mit langem Haar dar, denn die Edelmänner nahmen den von den Spaniern auferlegten Stil aus dem 16. Jahrhundert an. Diese Vorstellung verbreitete sich auf idealisierte Bilder über die Inkas der Vergangenheit. Doch Dokumente, die sie beschreiben, sprechen vom Gegenteil. Das ist sowohl bei Garcilaso als auch den Zeichnungen von Guaman Poma der Fall.

(37) Cobo, (1653) 1956 III: 360-361.
Dieses Götzenbild wurde gemeinsam mit dem letzten Inka *Felipe Tupac Amaru* erbeutet, als die Rebellion auf der Schanze in *Vilcabamba* niedergeschlagen wurde. Vierzig Jahre nach der Ankunft der ersten Spanier in *Cusco* wurde es beschrieben.

* Museo Inka.

Sie beschrieben auch, wie in den wichtigsten Teilen des Tempels, unsichtbar und verborgen in den unzugänglichsten und unergründlichsten Tiefen seines Wesens, *Wiracocha* in der Figur einer Ellipse dargestellt wurde. Rund um ihn herum befanden sich die Haupt-Elemente der Inka-Religion, die Santa Cruz Pachacuti interpretierte und später zeichnete.

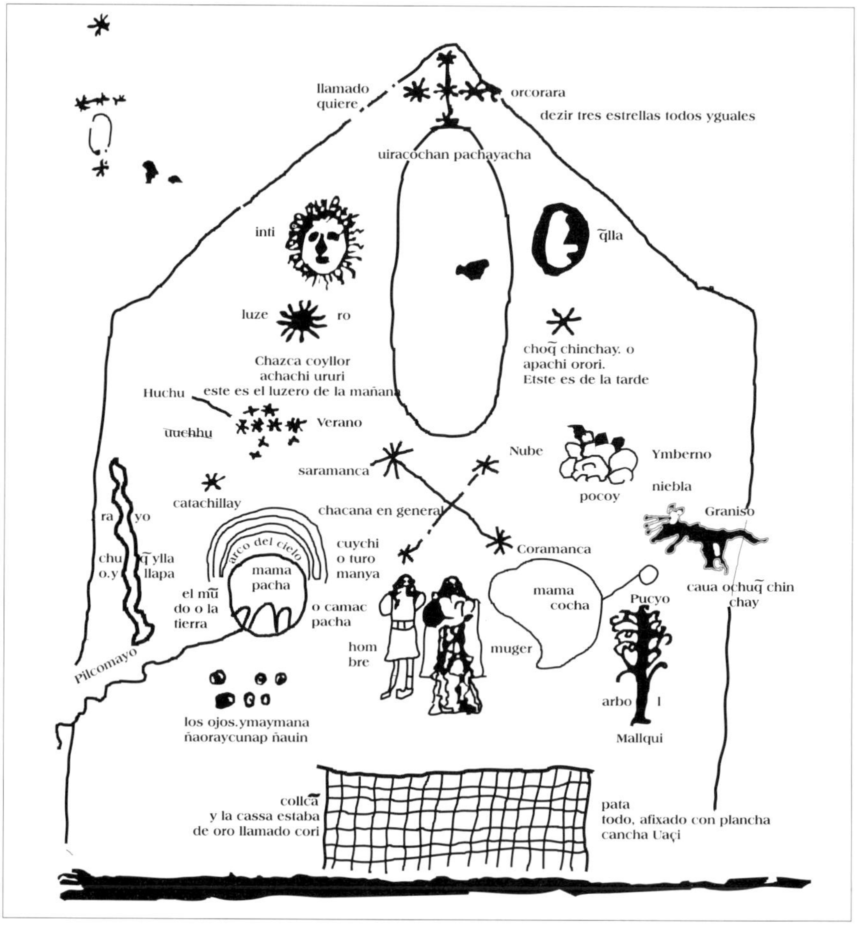

Einst wurde an genau demselben Ort *Ayar Auca* zu Stein verwandelt und dieser Grenzstein markierte den Besitz des Tales von *Cusco*. Als der Tempel fertiggestellt war, befahl Inka *Pachacutec*, dass die Mumien der vergangenen Inkas ausgegraben (sie stellten die keimenden Samen und den lebenden Stamm der gemeinsamen königlichen Herkunft dar) und auf goldene Stuhle platziert werden sollten. Von dort wurden sie immer noch als heilig angesehen und im symbolischen und traditionellen Ausdruck behandelt, als ob sie noch lebendig wären. So leiteten sie für sich das Recht auf totale Herrschaft ab.

Künstlerische Darstellung des *Qoricancha*

Von den Gebäuden des Sonnentempels ist heute nichts mehr erhalten, da die Kirche Santo Domingo darauf gebaut wurde.

Die Kirche von Santo Domingo

Jüngste Studien haben herausgefunden, dass am Beginn des 15. Jahrhunderts die Konstellation der Plejaden mit dem hervorragend gearbeiteten Korridor genau auf einer Linie lagen, was auf dem Foto gut sichtbar ist.

Hinreichend und feinst laminiertes Silber war der Anlage des Mondes gewidmet, die heute teilweise zerstört ist. Verehrt wurde der Mond in Gestalt einer Frau. Die Sterne wurden in einem weiteren Gebäude nebenan verehrt und ihre Darstellungen hingen von den Dächern und glichen denen am Himmel[38]. Die Inkas glaubten nämlich, dass alle irdischen Wesen eine Ähnlichkeit mit den Gestirnen hätten und dass das menschliche Schicksal von ihren Gunsten abhinge. Man weiß auch, dass die Ausübung ihrer alten Traditionen auf der Kenntnis der Planeten beruhte, unter ihnen die Venus, die *Chaska* genannt wurde (Stern mit langem Haar), Jupiter (der Kornspeicher), Mars (Asche des Feuers) und andere Sterne oder Sterngruppen, die in Konstellationen zu finden sind. Neueste Studien weisen eine astronomische Orientierung nach, die eine Seite dieses Komplexes auf einer Linie mit der Konstellation sieht, die den Mais schützt (die Plejaden)[39]. Selbst heute zeigt uns ein einfacher Blick rund um den *Qoricancha*, dass zur Sommersonnenwende die Sonne in einer Linie mit einer der Seitenstraßen steht.

In diesem Tempel, der dort liegt, wo ein halbes Jahr Trockenheit herrscht, wurden Blitz, Donner und der Regenbogen in eigenen Anlagen ebenso verehrt, wie die Kräfte, die den unschätzbaren Regen verkünden, der den Boden fruchtbar macht und die sprudelnden Quellen in diesem phantastischen Garten hervorruft. Hier stellten sie goldene, lebensgroße Figuren von Menschen, Pflanzen und Tieren auf und alles, was sie Mutter Erde auf Altären bieten konnten, denn ihrer Tradition gemäß wird alles in gleichen Teilen erhalten so wie es gegeben wurde.

Da diese Information klarerweise durch Chronisten aus Sekundärquellen stammt, mögen diese Berichte als Einbildung erscheinen. Doch es gibt viele andere Berichte, die diese Stücke beschreiben (wie die goldenen Platten an den Tempelmauern) und sie wurden wie Schatz verteilt, berichtete Francisco Pizarro 1533.

Ein schriftliches Dokument beschreibt, wie im innersten Raum des *Qoricancha* durch die Begrenzung der Wände die Strahlung drang – einundvierzig scheinbare Linien, die sich nach draußen ausbreiteten. Diese gaben nicht nur der Sozialorganisation der herrschaftlichen Abstammung Struktur, sondern dienten vor allem der Verbindung von dreihundert Altären, die im Umkreis von zehn Kilometern in alle Richtungen rund um die Stadt gruppiert waren.

---

(38) Garcilaso (1603), s/f: 184

(39) Zuidema, 1983: 151

Zwischen den Altären befanden sich astronomische Observatorien. Die an diesen Observatorien gesammelte Information wurde zum Tempel weitergeleitet und das Tempelorakel sagte die Wetterbedingungen für das kommende Jahr voraus, definierte die Beziehung zur Zeit und den Gebrauch des Raumes im Herrschaftsbereich.

Die Dynastie von Unter-Cusco hatte nun also ihr Zentrum an diesem Ort, wo die Götter der eroberten Völker, die Kräfte der Natur, die zu zeitlosen Mumien gewordenen Menschen und die ältesten Traditionen zusammenliefen.

Um die Infrastruktur zu vervollständigen, die die Vorstellung von Macht und Reichtum in der Stadt verdichtete, wurde nebenan das Haus der Erwählten Frauen gebaut. Die Aufgabe dieser Frauen war es, den Tempel durchgehend mit den Gütern des Alltags zu versorgen. Sie bereiteten rituelle Speisen und Getränke vor und webten eine große Anzahl von Textilien, die im ganzen Reich verwendet wurden, um die verschiedenen sozialen Schichten voneinander zu unterscheiden und auch ein wichtiger Beitrag der auf Wiederverteilung beruhenden Wirtschaft waren.

Loreto-Strasse: Rechts sieht man einen Teil der Mauer, die das Haus der Erwählten Frauen (*Acllahuasi*) umgab.

Nördlich des *Qoricancha* – am Gipfel des Berges, von wo aus man die Stadt überblickt – errichtete die vom Inka *Pachacutec* gegründete Dynastie von Ober-*Cusco* den prachtvollsten aller Tempel des Reiches – eine Anlage, die im Zusammenhang mit dem heiligen Konzept der Stadt den Kopf des Geist-Pumas darstellte, den die Stadt verkörperte.

Sacsayhuaman

Es gibt nur wenige Chronisten, die die Form erwähnen, wenn sie *Cusco* beschreiben. Unter den Bekanntesten ist Juan de Betanzos (1551), der *Pachacutec* die Idee der Assoziation der Stadt und ihrer Umgebung mit dem Körper und den Gliedmaßen eines Pumas beimaß; Sarmiento (1572) nennt *Pachacutec* als den Gestalter und *Tupac Inka Yupanqui*, seinen Sohn, als jenen, der die Anlagen dieses monolithischen Kopfes so organisierte, die seit jeher unter dem Namen *Sacsayhuaman* bekannt sind, was in der alten Sprache der Stadt soviel wie „mit Girlanden geschmückter Kopf“ [40] bedeutet.

Tausende von Männern arbeiteten über fünfzig Jahre lang und stellten ihre Kraft zur Verfügung, die der Staat als Tribut verlangte. Sie schlugen enorme Kalksteinblöcke aus nahegelegenen Steinbrüchen heraus (manche davon hatten ein Gewicht von mehr als hundert Tonnen). Nachdem sie in Rohform gebracht wurden, transportierte man sie auf hölzernen Rollen[41] und schrägen Rampen an den Ort, wo sie in Endform gebracht wurden und die eindrucksvollen Verteidigungsanlagen bilden.

(40) *Sacsa*: mit Girlanden geschmückt
Uma: Kopf

(41) Studien auf den Osterinseln von Thor Heyerdahl (1959) belegen, dass man fünfzehn Männer benötigte, um eine Tonne über Land zu ziehen. In *Ollantaytambo* (INC) durchgeführte Untersuchungen führen zu ähnlichen Ergebnissen.

Dieses Monument, das verschiedenen Zwecken diente, einmal als Festung, Haus der Waffen und des Krieges, mitunter als Tempel für Gebet und Opferrituale, wurde auf einer Anhöhe über der Stadt errichtet, von der die Tradition besagt, dass an diesem Ort Geister Wache halten würden. Es wurde gebaut, um ein Zeichen in sichtbarer Form zu geben, das die Krone des Reiches oder die Quelle der übermenschlichen Macht darstellte.

Dies erklärt den Grund seiner Konstruktion und die Tatsache, dass *Sacsayhuaman* eines der wenigen menschlichen Bauwerke sein dürfte, welches allein durch seine Präsenz solches Erstaunen und solche Verblüffung hervorruft, die gewöhnlich die spontane Reaktion auf solche enormen Anlagen sind. Und dies geschieht, ohne aufzuhören dabei Teil der natürlichen Umwelt zu sein, aus der es entspringt.

Die tiefgründige und harmonische Integration, die die Landschaft (die zu jener Zeit als heilig angesehen wurde) mit der menschlichen Arbeit verband, machte die Inka- Architektur berühmt. Der edelste ihrer Tempel war schließlich ein kolossaler Altar für die Natur und für den religiösen Geist des Menschen.

Sacsayhuaman und die Stadt Cusco

Der sogenannte Inka-Thron – geschnitten aus dem lebenden Felsen

Berichte aus dem 16. Jahrhundert konnten sich der von *Sacsayhuaman* ausgehenden Ausstrahlung nicht entziehen und die gewaltige Anlage rief großes Staunen hervor. Jene, die sie noch vor ihrer Zerstörung kannten, hoben sie unter allen Plätzen als den schönsten hervor.

So klar wie Martín de Murúa (1590) es ausdrückte – „Sacsayhuaman scheint das Werk von Giganten zu sein oder die Mauer ist eher natürlichen Ursprungs als Kunst" – so betonte Garcilaso (1609) eher die politische Funktion dieser Art von Architektur, indem er wiedergab: „Die beste Arbeit, die die Inkas zur Demonstration ihrer Macht und Erhabenheit ausführten, war die Festung von *Cusco*, deren gewaltige Ausmaße sich niemand vorstellen kann, der dies nicht gesehen hat. Und der, der sie gesehen hat und sie genau betrachtet, beginnt zu ahnen und glaubt noch immer, dass diese Taten durch Zauberei vollbracht wurden, oder jene, die das gebaut haben, wären Dämonen, aber keine Menschen gewesen..."

Ausgestattet mit drei eindrucksvollen, aufeinanderfolgenden und aufsteigenden Bollwerken in Zick-Zack-Form, die den runzligen Kopf eines Pumas und die Krone der Bergspitze darstellen, unter dem sich der unsichtbare Körper erstreckt (der alte Teil von *Cusco*), nahm man von dieser Anlage an, dass es auch eine geheime Wasserquelle und zahlreiche Räume gäbe, darunter Speicher, die mit Nahrung, Stoffen, Metallen und Waffen gefüllt waren. Im höchsten Teil gab es drei Türme, von denen der größte rund war und vier Stockwerke hatte. Heute kann man nur noch das Fundament sehen.

Fundament des Turmes von *Muyucmarca*

Der künstlerische Schnitt der zyklopischen, polygonalen Steinblöcke, die plastisch genau zusammenpassen, verdient Wertschätzung und deutet auf eine uns unbekannte und verkümmerte Ausdrucksweise[42] hin, was jedoch alles ist, was heute von *Sacsayhuaman* noch übrig ist. Die Zerstörung des Turmes und der Gebäude begann im Jahre 1537, ab 1559 waren sie für nichts mehr zu gebrauchen und die Kalksteinblöcke wurden für den Bau der Kathedrale auf der Plaza in *Cusco* verwendet.

In der unmittelbaren Umgebung zeugen Terrassen, Begräbnisstätten, virtuelle Quellen, unterirdische Gänge und astronomische Beobachtungsstationen von dieser Vergangenheit. Sie wurden auch in den Geschichtsbüchern beschrieben und später von *Manco Inka* im Aufstand von 1536 benützt.

(42) Studien der allgemeinen Theorie der Symbolik der Mauern wurden von Maik del Solar begonnen.

Obgleich Inka- Architektur den Eindruck von Einheitlichkeit der äußeren Form wegen seines charakteristischen Stiles erweckt, kann der aufmerksame Beobachter leicht erkennen, dass jede ihrer komplexen Schöpfungen von einer anderen verschieden ist (sowohl in Form als auch Platzierung der Blöcke, die das Monument strukturieren und im Kontext, in dem sie errichtet wurden). Es scheint, als ob jedes Monument die Wiederholung meiden möchte und dennoch danach verlangte, durch die Manifestationen seiner Formen die notwendigen Räume zu schaffen, die uns in die Atmosphäre jenes Ortes hinausheben, in der es gebaut wurde.

Somit vermittelt uns der *Qoricancha* in der Strenge seiner systematischen Linien, der Perfektion in seiner hochglänzenden und schönen Ausführung seiner geometrischen und schrägen Wände und den harmonischen Proportionen der Blockreihen, die in der Größe kleiner gehalten sind, da sie jede der gewaltigen Anlagen und die äußeren Mauern krönen, den Eindruck einer perfekten Ordnung. Dort, so meinte man, hatte das göttliche, vergeistigte Wesen, dem der Tempel gewidmet war, seinen Wohnsitz. Die Künstler, die diese Vision von überirdischer Schönheit hatten, bestimmten die Errichtung der Gebäudekomplexe, in denen sich irdische Schönheit in den Bildern der Naturgottheiten widerspiegelt, die in feiner, innerer Form in individuellen Blöcken wohnen. Ihre priesterlichen Gesichter zeigen sich in verschiedenen Zeiten des Jahres, wenn das Sonnenlicht auf das Relief fällt oder auf das seltene Mosaik, das durch die polygonalen Blöcke in *Sacsayhuaman* entsteht. Diese Blöcke, die aufgrund ihres hohen Maßes an Abstraktion selbst Skulpturen sind, werden in einem Ausmaß zu Architektur, sodass jeder von ihnen harmonisch mit einem anderen rundherum übereinstimmt. Der Sinn der Inka für Ewigkeit zeigte sich in der Ausschmückung der Mauer (wegen ihres stabilen und dauerhaften Charakters) und hatte weiters einen Wert für die Umwelt; die darin enthaltenen Figuren und Abbildungen der Geister, die Leben und Fruchtbarkeit begünstigen, sind nicht nur dekorativ und liegen verborgen, sodass sie die wunderbare Einheit keineswegs beeinträchtigen, die durch Zeichen, Relief und Formen von jedem der Polygone erreicht wird, die diese unglaubliche Anlage bilden.

Heute weiß man, dass jeder dieser Blöcke durch den Gebrauch von Bronzehämmern und sehr harten Steinen (Hämatit oder Quarzit) geformt wurde. Sie wurden durch weißen Granitsand, ausreichend Wasser, Ton und Pflanzen geschliffen, bis ihre Formen und Ecken genau mit den Kopien oder Gussformen zusammen passten, die von den Blöcken über und unter ihnen genommen wurden.

Viele der Blöcke, die zum Bau der Mauer in *Sacsayhuaman* verwendet wurden, wurden so zugeschnitten, dass sie den Eindruck von Figuren vermittelten, sobald sie einmal ineinandergefügt waren. In dieser Fotografie erkennt man eine Schlange.

In diesen Bildern sind die Figuren eines Fisches und eines Vogels zu erkennen

Vier gewaltige Eingänge im ersten Geschoss (zwei sieht man auf der Abbildung auf dieser Seite) und fünf weitere am dritten Stock laden zum Eintreten und zum Herumwandern innerhalb dieser massiven Anlage ein.

Heute wird die Anrufung von *Inti Raymi* oder das Fest der Sonne auf dem weiten Feld von *Sacsayhuaman* abgehalten, das Teil jener Festlichkeiten ist, die in der Stadt jeden Juni zelebriert werden; im September findet auch die Zeremonie des *Warachicuy* statt. Das Fest des *Warachicuy* bestand aus Mutproben und zeremoniellen Übergangsriten, die männliche Jugendliche auf dem Weg zur Männlichkeit durchschreiten mussten. Heute werden diese Mutproben in choreografischen Tänzen dargestellt. Garcilaso zufolge musste in einer dieser Proben der junge Mann alle Stockwerke dieses monumentalen Bollwerkes einnehmen und es verteidigen.

Eröffnung des Festes von *Warachicuy*

Qenqo

Unter den Hunderten von Altären, die man rund um *Cusco* findet, befinden sich auch einige felsige Auswürfe, über die die antike Tradition besagte, dass sie die Fortsetzung bzw. sichtbaren Elemente des Erdinneren seien. *Qenqo* ist wegen seines mysteriösen Charakters, der diesem Ort durch die Hände seiner Meisterplaner zuteil wird, ziemlich bemerkenswert. Es wurde auf Fels errichtet und ist eine faszinierende Kombination von Stufen, Formen und unwahrscheinlichen Abstimmungen, die den Zuschauer dazu verleitet, sich selbst in der geheimnisvollen Natur der Symbole zu verlieren. Eine wiederkehrende Stufenfolge führt uns zu ihnen und die mit der Anlage verbundenen Räume zeigen sie uns.

Qenqo, mysteriöses Andenheiligtum

Im Stufenzeichen stellen die drei horizontalen Linien den Raum dar und die dazwischenliegenden vertikalen Linien die Zeit. Die erste Stufe bezieht sich auf die Welt, in der wir leben und die man überschreiten kann (*Kay Pacha*), die senkrechte Linie weist auf die Zeit hin, die für das Erkennen der zweiten Stufe notwendig ist: die innere Welt (*Ukhu Pacha*), ist die Raum-Zeit ist, in der durch Träume oder Tod der Weg in die innere Welt gefunden wird. Es ist das Mittel, durch das Verständigung zwischen den Menschen und den Gottheiten hergestellt wird, die *Hanan Pacha* bewohnen, einen Raum, der mit der Vorstellung von Kosmos, Ewigkeit, der Unendlichkeit oder der Idee von Gott verbunden ist, was durch die dritte Stufe dargestellt ist.

Im selben Komplex in dieser Umgebung, die *Kay Pacha* (hiesige Welt) entspricht, steht ein aufrechter Felsen. Seine Form und Details stellen eine Kröte dar, die Regenwasser erhält. Sie sitzt dort als zentraler Blickfang und rund um sie herum öffnet sich ein halbrunder Raum, der wie eines der kleinen Becken aussieht, in denen diese Tiere leben. Das ist auch einer der

Gründe, dass „sie (die Kröte) in der Mythologie mit den lebensspendenden Atomen von Quellen in Verbindung gebracht wurde, ...sie wurde auch oft in künstlerischen Darbietungen dargestellt, sei es in der Mitte eines Brunnens oder an dessen Rand [43]“.

Aufgrund der Natur ihres biologischen Zyklus, von dem Bauern Wetterveränderungen ableiten, kann man sagen: normalerweise versteckt sie sich während der Trockenzeit und erst zu Beginn der Regenzeit kommt sie wieder hervor, um sich zu vermehren und in den Feldern zu laichen, wenn das Wetter normal ist. Oder sie liegt zu Beginn der Trockenzeit am Grund der Bewässerungskanäle. Deswegen wurde die Kröte als Verkünderin des Regens geschätzt und in dieser Welt (*Kay Pacha*), in der Wasser so rar ist, hängen die meisten Früchte des Feldes von regelmäßigem Regenfall ab. Ramos Gavilán schrieb 1621: Sie haben die Gewohnheit, Idole in Form von Kröten auf Felsen zu formen... im Glauben, dass sie mit dieser Zeremonie Wasser gewinnen würden, das sie so sehr ersehnten.“

Heute nennt man die größten Kröten in der Sprache traditioneller Gemeinschaften Pachacuti (Weltveränderer), ein Ausdruck, der ebenso mit Veränderungen assoziiert wird, die durch Naturkatastrophen aufgrund von Wassermangel oder Wasserüberschuss hervorgerufen werden.

(43) Carrión, 1955: 14

Neben dem Areal, das soeben beschrieben wurde, befindet sich ein Eingang als Übergangsraum für die spirituelle Übung der Begegnung mit der Individualität. Diese Öffnung führt zu einem unterirdischen Durchgang (*Ukhu Pacha*), dessen Infrastruktur wie Nischen, Tische und ein eindrucksvoller Altar in der Art eines Bestattungshügels Mumifizierungszeremonien und die Welt der Toten herbeirufen. Die Entdeckung von menschlichen Überresten an diesem Ort im vergangenen Jahrhundert scheinen dies zu bestätigen.

Studien über die Technik, mit der diese Grabesrituale durchgeführt werden, enthüllen, dass das Ausbluten von Körpern vom Oberschenkel weg, das Entleeren des Gehirns aus dem Schädelknochen und in vielen Fällen das Entfernen der Eingeweide durch einen Schnitt in das Zwerchfell zu den gängigen Methoden gehörten. Die Körper wurden in die fötale Stellung gebracht. Das trockene Klima, die Kälte der Nacht, die Hitze des Tages und die Verwendung von Pflanzen wie *Molle* (*Schinus molle*) und *Muña* (*Mintostachys setosa*) ermöglichte die Erhaltung jener Körper, die als Sühneopfer für die Berggeister ausgewählt wurden – oder bis in unsere Tage auch Angehörige der herrschenden Klasse.

Im äußeren Teil des Komplexes findet man in dem *Hanan Pacha* entsprechenden Teil zwei zylinderartige Vorsprünge neben einer Fülle von facettenartigen Abstimmungen auf dem Felsen. Sie orientieren sich auf die scheinbare Bewegung der Sonne und wurden für die Bestimmung des Wechsels der Jahreszeiten verwendet. In den Abbildungen kann man die

Orientierung im Hinblick auf die aufgehende Sonne am Tag der Wintersonnenwende sehen.

Diese Bausteine, die ihnen erlaubten, die kosmischen Phänomene in Wissenschaft und Astronomie zu studieren und zu verstehen, waren auch (wie in allen antiken Wissenschaften) darauf ausgerichtet, Beziehungen zwischen den Himmelskörpern und den Menschen durch Orakel und Weissagung herzustellen. Eines dieser Elemente entspricht einem Brunnen in Form einer Kaulquappe. Das Sonnenlicht scheint zur Wintersonnenwende auf dessen Kopf und der Zick-Zack-Kanal formt den Körper (*Qenqo*). Wenn man Flüssiges durch den Kanal fließen ließ und daraufhin die Kaulquappen ziellos ihren Weg nahmen, las man daraus günstige oder ungünstige Ereignisse in der Zukunft.

Tambomachay und *Puca pucara*

Das Leben in einer Umgebung voller Extreme wie in den Anden machte es notwendig, den bestmöglichen Nutzen aus den rauen natürlichen Ressourcen zu ziehen. Dazu gehört Wasser, das unentbehrlich für das Überleben und die Entwicklung einer der wenigen Zivilisationen ist, die Viehzucht ausübte, Tierherden in Amerika aufzog und die Domestizierung zahlreicher Pflanzenarten begründete wie nur wenige Völker auf dieser Welt.

So wie die Menschen mit der Religion lebten, ihre Anerkennung aus ihr bezogen und die gesamte Natur ihnen heilig war, sahen sie in Quellen und Seen nicht nur die Grundlage oder Matrix, in der beschützende Kräfte zu Hause waren, sondern die zugleich Ursprungsorte von Abstammungslinien waren und damit von einer gewissen Notwendigkeit erfüllt waren. Unter kühnen menschlichen Anstrengungen errichteten sie in dieser schwer zugänglichen Topografie Reservoire, Kanäle, Aquädukte und Brunnen. Schließlich hing das Überleben der Bewohner von einer sorgsamen Kontrolle und Versorgung dieser Wassersysteme ab. Man kann gut nachvollziehen, warum manche Studien antike Kulturen aus diesem Teil der Welt als hydraulische Gesellschaften bezeichneten, Gesellschaften, in denen Macht und Wohlergehen auf diejenigen konzentriert war, die den Wasserverbrauch kontrollierten oder Wasser zu diesem Zwecke heiligten.

Aufgrund dieser Tatsache ist bekannt, dass von den nahezu 350 Altären rund um *Cusco* 92 Brunnen und Quellen geweiht wird. Darunter befindet sich eine Quelle mit dem Namen *Quinua Puquio*[44] (Quelle des *Quinua*), die heute unter *Tambomachay* bekannt ist. Man gab diesem Ort eine spezifische architektonische Anordnung, um das Grundwasservorkommen zu betonen, wie man auch das Chaos von Vorkommen zu einer Exaktheit mit dualen Symbolen verwandeln wollte, die in der Unzahl von Nischen und Quellen enthalten sind, wo sie ihre Reinigungsrituale ausführten.

Einen halben Kilometer stromabwärts, am Beginn des Trails, der in das Heilige Tal und weiter in die warmen, feuchten tropischen Regenwälder führt, errichteten sie *Puca pucara*[45] oder die rote Festung. Die Abgaben[46] von Kokablättern, Pfeffer, Yucca, Heilpflanzen, Federn und Gold aus dem Tiefland wurden an diesem Durchgang registriert, wo man zugleich den Zustrom von Menschen und Gütern in die Heilige Stadt *Cusco* kontrollierte. Der Chronist Polo (1571) nannte sie das Haus bzw. den Wohnort der Götter, wo es keine blaue Quelle, keine Stufe, keine Mauer gab, die nicht von Mysterium beherrscht war.

Tambomachay.

Puca pucara.

---

(44) Siehe Bauer Brian, 2000: 86

(45) Der Originalname dieses Ortes war wahrscheinlich *Caynaconga*, ein Altar, den Polo (1571) als einen Rastplatz der Inkas beschrieb.

(46) Cieza de León (1553): 1973, der bezüglich einem der Haupteingänge zur Stadt erwähnte, dass es an diesen Orten „Torhüter gab, die mit Rechten und Abgaben betraut waren, die sie ihrem obersten Herrn abgeben mussten."

Pisac.

In einiger Entfernung von *Cusco*, zwischen den hochragenden Gebirgsketten – einige der Berge ragen über 5.000m in die Höhe – fließt während der trockenen Jahreszeit ruhig und friedlich der *Vilcanota*-Fluss oder *Wilcamayu* (Heiliger Fluss); sobald der erste Regen kommt, schneidet er sich wild und unberechenbar durch das Tal. Aufgrund der Bodenbeschaffenheit, des wohlwollenden Klimas, des Reichtums seiner wunderbaren Fauna und Flora[47] und seiner außergewöhnlichen Schönheit wurde dem Tal ein Sonderstatus gewährt und vom Sohn der Sonne als heilig[48] betrachtet. Es wurde als Territorium einverleibt, das nicht zu den Provinzen des *Tahuantinsuyo*-Reiches gehörte. Vielmehr war das Heilige Tal persönlicher Grundbesitz der Inka-Herrscher und wurde als direkte Erweiterung von *Cusco* gebaut.

Weiter abwärts, unsichtbar, auf einer durchschnittlichen Höhe von 2.850m und mit einem angenehmen Klima gesegnet liegt am Fuß einer Gebirgskette das Heilige Tal der Inkas (hier nach heftigem Schneefall aufgenommen).

---

(47) Garcilaso (1607), s/f: 108-109 beschrieb es folgendermaßen: „ Dieses Tal hat mehr Vorteile als jedes andere in Peru. Deshalb besaßen es alle Inka-Könige, von Manco-Capac, der der erste Inka-König war, bis zum Letzten, als ihren Garten, Ort ihrer Freuden und zur Erholung... die Gebirgshänge sind reich an Weideland, Wild, Kaninchen, Guanacos, Vikuñas, Rebhühnern und vielen anderen Vögeln, obwohl der Verschwendungssucht der Spanier nahezu alles zum Opfer fiel, was gut zu jagen war...“

(48) Garcilaso, s/f: 80 das *Quechua*-Wort (*huaca*" oder “heilig” (eine seiner mannigfachen Bedeutungen) bedeutet alles, was in Vortrefflichkeit und Schönheit von allem anderen unüberbietbar ist.

Auf der Anlage erstreckt sich das Heilige Tal ungefähr hundert Kilometer zwischen *Pisac* und *Machupicchu* und schließt einige Städte sowie die Mehrzahl der Monumente, die während der Inka-Herrschaft erbaut wurden, mit ein. Darunter *Pacaritanpu*, ein in Mythologien erwähntes Heiligtum, als der Ort, wo der Sohn der Sonne seinen Ursprung hat. Dies ist einer der Gründe, warum die Kosmologie der Inkas mit diesem Tal und dem Fluss verbunden ist, der mit dem *Mayu* oder dem Sternenfluss, den wir Milchstraße nennen, dahinfließt[49].

Das Heilige Tal und die Milchstraße

Die religiöse Tradition begründet, dass alle irdischen Wesen einen gemeinsamen Vorfahren in den Sternen hätten[50]. Am Himmelsgewölbe identifizierten sie jene Sterne, die aus astronomischen oder religiösen Gründen gebraucht wurden, um Konstellationen wie den Baum oder den Kondor zu konfigurieren. Indem sie die Milchstraße als Hauptbezugsrahmen für die Himmelsbeobachtung heranzogen, verbanden sie einige Sterne mit den dunklen Flecken, die entlang der Milchstraße aufschienen und damit die sogenannten „schwarzen Sternbilder" erklärten, die sie erkannten. Darunter findet sich das Lama, der Frosch, das Rebhuhn, der Fuchs und die Schlange. Sie glaubten, dass die Vermehrung und das Wohlergehen der Arten von diesen himmlischen Urbildern abhinge.

Auf Erden wurde der Inka als Sohn der Sonne verehrt und für den Wohltäter der Menschen gehalten. Er hatte durchaus Eigenschaften einer zweigeteilten Natur und jeder von ihnen, vom Beginn der ersten Dynastie an, wählte für sich ein Idol, das er als seinen Bruder identifizierte und das durch alle Zeiten verehrt wurde, als ob er selbst es wäre.

Analog dazu glaubt man in den ländlichen und bäuerlichen Gemeinden, die bis heute Fundgruben für solchen Glauben sind, dass „die Kräfte über der Erde - Gott, Sonne, Mond, Sterne – nur begrenzt Macht haben. Nur wo diese externen Kräfte aufgenommen werden (oder auf der Erde ihre Entsprechung finden), dort können sie sich selbst Macht aneignen. Dort, wo die Sterne mit einem besonderen Berggipfel in Verbindung stehen, nehmen sie Gestalt an und von dort kontrollieren sie das Geschick des Menschen"[51]

(49) Die Milchstraße ist ein Band von weißem, diffusen Licht, das sich über den Himmel zieht. Sie setzt sich aus Millionen von Sternen zusammen und enthält auch dunkle Stellen aus Staub und Gas.

(50) Cobo (1653), 1956 III: 365

(51) Condori/Gow 1982: 7

Die Zivilisation der Inkas entkam nicht der allgemeinen Vorstellung, die sie wie viele andere Völker auf der Erde veranlasste, an die Existenz eines doppelten oder himmlischen Archetypus der Wesen und der Orte zu glauben, wo sie lebten, genauso wie in den Städten und Tempeln, wo sie sie verehrten[52]. Als die Nachfahren der Inkas im Jahre 1653 zu Cobo sprachen und ihm über die gemeinsamen Vorfahren und ihre irdischen Darstellungen berichteten, schrieb dieser in seiner Abhandlung „Geschichte der Neuen Welt" Folgendes:

„Sie sagen, dass jene ersten Menschen nach Nominierung eines Nachfolgers in dieselben Orte verwandelt wurden, manche zu Stein, andere wurden zu Falken oder Kondoren und andere zu Vögeln oder Tieren. Deswegen haben die Tempel oder *Huacas*, in denen sie ihre Verehrung darbringen, verschiedene Formen und Figuren."

Formen und Figuren, die in den enormen rituellen Anlagen im Heiligen Tal wiedergeschaffen wurden, stellen die in der Milchstraße vorhanden Konstellationen dar. Es scheint, als ob das Tal und sein Fluss ein Spiegelbild der Milchstraße im irdischen Raum wären.

Der Fluss bewegt sich vom Heiligtum des *Vilcanota*, wo die Inka-Mythologie den Ursprung der Geburt der Sonne glaubt[53]. Er macht die Erde fruchtbar und mündet in die unermesslichen Tiefen des Meeres. Er wird im Himmel als Fluss der Sterne projiziert, um den heiligen Kreis zu vollenden, in dem Menschen und Götter miteinander kommunizieren. Heute bringen jene, die der Tradition in diesem Tal folgen, Opfergaben an den Fluss dar, im Glauben, dass ihre Bitten erhört werden, sobald die Regenzeit einsetzt.

Die Sternbilder und das Heilige Tal

Um die kosmologische Vision in Anbetracht der Großartigkeit dieser Werke aufzuzeigen, war beträchtliche Zeit und fortwährende Anstrengung erforderlich. Die Architektur der Inkas diente nicht nur praktischen Erfordernissen sondern hatte Funktionen symbolischer und magischer Natur, die darin miteinbezogen und dargestellt wurden.

Magie, die als Fluchtobjekt aus der direkten Kausalität angewandt wurde, stellte einen aktiven Bestandteil ihres Glaubens in der Hinsicht dar, die Kräfte der Natur und jene des Verlangens zu vereinigen und miteinander zu verbinden. Aus dem gleichen Grund begriffen sie das Universum als lebendige Ganzheit, dessen Teile durch wesentliche und unsichtbare Bande verknüpft sind und dieses Konzept wurde in ihrer Architektur und ihrem ganzen Schaffen umgesetzt.

Um dieses Ziel zu erreichen, nahmen sie Vorbild bei den natürlichen Formen der Berge oder Ebenen und setzten diese Formen in Terrassen[54], Zeremonienstätten, astronomischen Beobachtungsstationen, kleinen Wohnhäusern, Wasserstraßen und Kanälen, Wasserbecken und Behältern um – wenn notwendig, nahmen sie die Formen an, die mit den himmlischen Urbildern verbunden waren – die Himmelskonstellationen.

Deswegen war die ganzheitliche Ausführung dieser Architektur auf festen, monumentalen Grundsteinen nicht nur darauf ausgerichtet, auf den ersten Blick und allseits beobachtet zu werden, sondern nur von vorherbestimmten Orten eingesehen zu werden. Meist war dies ein höhergelegener Ort, von wo ein Überblick auf den ganzen Komplex möglich war. Es waren die scheinbar verstreuten Anlagen, die den Gesamtkomplex ausmachten und mit den Bergen und dem Flachland verbunden waren, wo sie errichtet wurden. Sie nahmen Formen an, die sie zuweilen zeigten, dann wieder waren sie dem Anblick des Betrachters entzogen, der die ständig in Veränderung sich befindenden Gegenstände nicht nur einer ästhetischen Betrachtung unterzog, sondern sie auch als Teil einer magischen Aktion sah.

---

(52) Eliade, 1985: 14-15 schrieb, dass im mesopotamischen Glaubenskonzept der Fluss Tigris sein Abbild im Stern Anunit und Euphrat im Stern *Golondrina* hatte. Er überliefert uns auch, dass es himmlische Urformen für die babylonischen Städte gab: Sippar im Zeichen des Krebses, Ninive im Großen Bären. Entsprechungen zwischen den geografischen Räumen und der Milchstraße fand man auch am Jakobsweg (Europa), im Niltal (Ägypten) und auf dem amerikanischen Kontinent im Tal von Tepostlán (Mexiko) und im Elch-Tal in Chile.

(53) Molina (1573), 1943: 27

(54) Pachacuti (1613), 1927: 188

Pisac

Zweiunddreißig Kilometer nordöstlich von Cusco beginnt das Heilige Tal. Dort sind die riesigen, monumentalen Anlagen von *Pisac* zu sehen.

Daneben befindet sich in dominanter Position über dem Tal eine natürliche Formation, die in der mündlichen Überlieferung *Inkil Chumpi* (Prinzessin mit dem Blütenkleid) genannt wird. Die Legende erzählt, dass sie als einzige Tochter alles Land von Pisac erben würde. Das Orakel von *Huancar Kcuichi* (Nebensonne*) sah sie für denjenigen zur Heirat vor, der eine Brücke über den *Vilcanota* (-Fluss) in nur einer Nacht bauen konnte. Viele reiche und mutige Werber hielten um ihre Hand an, aber nur einer, *Asto Rimac*, kam in Frage. Er war Herrscher eines geheimnisvollen Landes in den östlichen Urwäldern. Vom Mantel des Schicksals beschützt, der für dieses Paar die Nacht war, hoben sie ab - der eine, um die Brücke zu bauen, und die andere, um die Berggeister hervorzurufen, unter der strikten Warnung, dass sie nicht schauen dürfte, wenn er diese ungeheure Aufgabe vollbringe. Da sie dieses Versprechen brach, verschwand *Asto Rimac*. Er wurde von wilden Wassern fortgerissen und mit ihm entschwand die Möglichkeit, eine Allianz zwischen dem Volk von *Pisac* und den Völkern des östlichen Urwaldes herzustellen. Von diesem Zeitpunkt an wurde *Inkil Chumpi* in eine geisterhafte Steinfigur verwandelt, die bis heute einsam über dem Tal ihrer Ahnen schwebt.

* Nebensonne: ein Lichtphänomen, das aus gleichzeitigen Erscheinungen verschiedener Sonnenbilder entsteht, die auf einem Wolkenring rund um die Sonne reflektiert werden.

Der Kondor – Bote der Sonne

Errichtet am Gipfel eines Berges und in vielen Bereichen direkt am Rande eines Abgrundes teilt sich der archäologische Komplex von *Pisac* in verschiedene, voneinander abgeschlossene Einheiten. Ein Teil über der Neustadt entspricht dem Ritualzentrum von *Cuntur orcco* (Berg des Kondors). Angelegt auf Terrassenstufen und verschiedenartigen Konstruktionen, die harmonisch in das Hügelland integriert sind, formieren sie die Umrisse eines gigantischen Kondors im Moment seines Abhebens vor dem Flug und das Ganze formt die Allegorie des Sternbildes des Kondors [55].

Der Kondor (*Vultur gryphus*) ist der größte, bekannte Vogel und hat eine Flügelspannweite von mehr als drei Metern. Mit dunkelgrauem Gefieder und weißen Flecken auf den Schwingen hat er einen kahlen Kopf und sein Hals ist umrandet mit weißen Federn. Der Schnabel ist leicht gebogen und die Füße sind dick. Der Vogel ist von imposanter Erscheinung, vor allem im Flug, da er in Höhen über 6.000 m schweben kann. Der Kondor ist ein Aasfresser und diese Gewohnheit erhob ihn bei den Andenvölkern zum Schutzgeist der Toten. Er wird auch mit an heiligen Orten gefundenem Frieden in Verbindung gebracht.

In früherer Zeit hielt man den Kondor für einen Boten der Sonne. Er war für die Reise der Totengeister in die Unterwelt zuständig. Diese Eigenschaften maß man ihm nicht nur wegen seiner majestätischen Präsenz und seinem hohen Flug bei, sondern auch wegen seines üblichen Aufenthaltes in den schroffen Felsen der höchsten Berge, wo man nach der Überlieferung die *Apus*, die Schutzgeister, vermutete.

Deshalb ist es auch kein Zufall, dass das Ritualzentrum von *Pisac* zwischen zwei Friedhöfen liegt und mit diesen symbolisiert dieses mythische Wesen als Teil der Weltanschauung den Akt der Reise der Geister der Vorfahren auf seinen Schwingen[56].

---

(55) Avila (1598) /1966: 162 besagt: „... dass es auch Sterne gibt, die nahe zusammen sind. Sie nennen sie den Kondor..."

(56) Cobo (1653)/1956 III: 353 zeichnet den Glauben auf, nach dem die Geister der Menschen, die wohlgesonnen lebten, ihre Körper verließen und nach deren Tod in Sterne verwandelt wurden.

Der Berg des Kondors und die Stadt *Pisac*

Künstlerische Darstellung der Eigenschaften dieses Monumentes. Bemerkenswert sind die Terrassen und der Berg, die die Form eines Kondors bilden.

Gleich über dem Kondor liegt das Viertel *Intihuatana*, benannt nach einer felsigen Gegend, die vorsichtig bearbeitet wurde und wo sich ein zentraler Felsen mit zwei Sonnenstandsanzeigern befindet, die zur Bestimmung der Jahreszeiten dienten. Rundherum errichtete man Altäre in edelster Steinmetzarbeit, weiters Wasserbecken und einen Zeremonienplatz. Zweifelsohne wurde all das als Verwaltungssitz eingerichtet. Von hier wurde das ganze Tal kontrolliert und die landwirtschaftliche Produktion auf den beeindruckenden Terrassen in den umliegenden Hügeln und unten am Talboden genauestens überwacht.

Landwirtschaftliche Terrassen

Das Andengebiet, das als eines der acht Zentren weltweit gilt, in dem die Landwirtschaft ihren Ursprung nahm, beherbergte Völker, deren Bedürfnisse und landwirtschaftliche Begabung ihnen erlaubte, über lange Zeit hinweg zahlreiche Arten von Feldfrüchten zu entwickeln. Dies ist nicht zuletzt der Tatsache zuzuschreiben, dass es so viele ökologische Zonen in dieser rauen Geografie der Anden gibt, sondern auch den landwirtschaftlichen Praktiken und der Schaffung von Techniken wie dem Terrassenbau[57].

Am Beginn stand das Verlangen nach mehr landwirtschaftlicher Nutzfläche, Flachen also, die mit Wasserversorgung, Bodenerosion und wechselhaftem Klima weniger problematisch waren. Sobald sich das Inka-Reich gefestigt hatte, wurde diese Technik noch mehr verfeinert, bis sie das heute in den Terrassen dieses Tales sichtbar hohe Niveau erreichte.

(57) Terrassenbau ist eine sehr alte, universale Technik und in Amerika, Südost – und Zentralasien zu finden.

Durch verschiedene Schichten wie Stein, Kies oder Erde bedeckt, findet man die Terrassen vor allem in Nischen mit Mikroklimata vor, die vor Wind und Hagel geschützt waren. Sie waren so angelegt, dass sie das meiste Sonnenlicht empfingen. In Synthese waren die Terrassen das Ergebnis einer „Vereinfachung der natürlichen ökologischen Zonen in eine kleinere Anzahl von künstlichen ökologischen Zonen, die über längere Zeit stabil waren."[58] Auf diese Weise ließen sich bessere Ernteerträge erzielen. Man rechnet, dass die Terrassen von *Pisac* und auch der Talboden eine Fläche von 65 Hektar einnehmen[59].

Die geometrische Struktur passt genau zu der natürlichen Form der Hügel und Berge. Somit hatten die Terrassen von *Pisac* nicht nur praktischen Nutzen, sondern entsprachen auch ästhetischen, symbolischen und religiösen Beweggründen. In einem Reich, das sich hauptsächlich auf Tauschbeziehungen gründete und dessen Führer hauptsächlich aus den eroberten Völkern hervorgingen, bestanden die Gegenstände an diese Führer als Gegenleistung für ihre Loyalität in kleinen Mengen ausgewählten Saatgutes aus den landwirtschaftlichen Gebieten. Dieses Saatgut hatte großes Ansehen und wurde hoch geschätzt, nicht nur wegen seiner ausgezeichneten Qualität, sondern auch wegen seiner Herkunft.

(58) Earls, 1979: 119

(59) Santillana, 1999: 90

Diese Technik und ein ausgeklügeltes Bewässerungssystem, die Auswahl des Saatgutes und die Erstellung eines Kalenders für Aussaat und Ernte (das Produkt einer ständigen Beobachtung der Landwirtschaft und der Astronomie) erlaubten ihnen die Anpassung von Pflanzen aus höhergelegenen Zonen und umgekehrt. Sie bildeten ideale Bedingungen für die genetische Artenkontrolle mit dem Ergebnis, dass daraus neue und verbesserte Arten gewonnen werden konnten. So ein Fall ist der Mais. Im Einflussbereich dieses Tales wurden siebzehn Arten[60] identifiziert. Zwischen 2.800 m und 3.300 m findet man die *Parakay* oder Imperial White genannte Sorte, die die von den Inkas in der genetischen Entwicklung am besten entwickelte Sorte ist.

Beispiele dieser Art von Technik findet man flussabwärts durch *Calca*, *Yucay* und *Urubamba*, wo bereits 1552 verschiedenste Sorten von Erdnüssen, Baumwolle, Koka und Pfefferoni verzeichnet wurden. Ein Dokument eines alten Kolonialnotars, das von M. Rostworowski veröffentlicht wurde, zeigt eine der ältesten Verehrungsstätten dieses Tales, heute unter dem Namen *Aquillay* bekannt. (siehe Foto unten)

Man hielt die Kröte für eine Beschützerin und Fürsprecherin des Regens, wiewohl die Inka-Tradition sie auch mit Getreidesaatgut in Zusammenhang brachte und seine himmlische Urtype in einem der dunklen Flecken in der Milchstraße unter dem Kreuz des Südens erkannte. Die mündliche Überlieferung assoziierte diese Schöpfungen mit dem Berg, der seltsamerweise mit den Terrassen von *Moray* entlang eines ansteigenden Pfades in Verbindung gebracht wird.

Da es Ackerland in höhergelegenen Zonen des Tales gab (so wie die Mehrzahl von fruchtbarem Ackerland in den Anden in höhergelegenen Zonen liegt), war es notwendig, resistente Getreidesorten zu entwickeln, die in diesen Höhen auch gedeihen konnten.

Moray

Sechshundert Meter über dem Talboden findet man eine kontrastreiche Landschaft mit grünen Regenwäldern und einer artenreichen und wildwuchernden Vegetation, die in den Kordilleren von *Vilcanota* beheimatet ist, während sich zwischen 3.200 und 3.500m Seehöhe die rötlichen, semiariden und salzhältigen Ebenen von *Maras* erstrecken. Sie werden nur durch Wasser aus wenigen Quellen bewässert und an einer Stelle der Ebene befindet sich das schönste und hochentwickeltste Naturlaboratorium des Inka-Staates: *Moray*

Moray hatte den Vorteil einiger natürlicher Depressionen, die wie Trichter unter dem normalen Bodenniveau aussehen. Die sichtbaren Überreste sind konzentrische Terrassen am Rand der Hohlräume. Es gibt im größten dieser Terrassen-Komplexe auch eine Abfolge von zeremoniellen Quellen; jüngste Untersuchungen berichten von Unterschieden in der mittleren Temperatur von bis zu 5°C [61] auf den landwirtschaftlich genützten Flächen.

---

(60) Gade, 1967

(61) Earls, 1991: 68 (in diesen Gebieten variieren die Temperaturen zwischen 0,5° und 0,7°C in Abschnitten von 100 Metern)

Die besondere Eigenschaft dieses geschützten Ortes führt zur Annahme, dass *Moray* als Zentrum galt, das die Entwicklung verschiedenen Maissaatgutes ermöglichte, das an höhergelegene Zonen angepasst wurde wie z.B herkömmliche Arten, die heute überall angebaut werden, wo früher nur Knollenfrüchte und Kornsamen wie Quinoa gediehen.

Chinchero

Kleine Hügel von etwa 200 m trennen die Ebenen von *Maras* von den Hügeln und Ebenen von *Chinchero* (3.700 m Seehöhe). In dieser mäßig kühlen Gegend, die hauptsächlich von Regenfall abhängt, herrschte einst die Kultivierung von Knollenfrüchten vor (in Peru sind bis zu dreitausend verschiedene Arten von Kartoffeln bekannt), aber auch Mais wurde angebaut.

Altäre, ein städtisches Zentrum und Tempeln wurden am Gipfel eines Hügels errichtet, rundherum von Terassen umgeben, die von einer Verbindung zwischen der Kultivierung von Mais und dem Staat zeugen. Auf den ausgedehnten Flächen wurden Knollenfrüchte und Mais angebaut, die Beweis einer uralten landwirtschaftlichen Technik sind. Hier pflanzten sie Mischsorten, die an die komplexe Ökologie angepasst waren. Die klimatischen Schwankungen richteten gelegentlich Schaden am Getreide an, übrig blieben die widerstandsfähigen Pflanzen. Traditionelle Weisheit in dieser herausfordernden Umwelt lehrt, dass die Minimierung von Verlusten einer Maximalisierung von Überschuss vorzuziehen ist.

Ausgebreitet wie ein bunter Teppich auf den Flächen rund um *Chinchero* findet man heute Ackerflächen, auf denen Kartoffeln, *Olluco*, *Ocas*, Quinoa, Saubohnen und Gerste angebaut werden. Sie steigen in Stufen in dieser Geografie, kommen aber nie bis an die Gletscherzonen heran, wo schließlich nur noch die Bitterkartoffel wächst und Lamas und Alpacas weiden.

J. Murra nannte das von den andinen Völkern praktizierte Modell der ökologischen Integration „vertikale Inselgruppen". Darunter versteht man die Verschmelzung von verschiedenen Höhenzonen in ein einheitliches System, das verschiedene Populationen unterstützt. In den Anden war dies der Schlüssel, der das Tor in den Raum öffnete, den die sogenannten Hochkulturen einnahmen.

Chinchero: Wintersonnenwende am 21. Juni (Südhalbkugel).

Die Salzpfannen von *Maras*

Der Reichtum des Heiligen Tales war nicht nur auf den fruchtbaren Boden, den Überfluss an Wasser und das günstige Klima zurückzuführen, sondern auch auf die warmen salzhaltigen Quellen. Dieses Wasser floss durch Kanäle in tausende kleine, seichte Becken, die wie Miniaturterrassen am Rande einer Schlucht aussahen. Heute kennt man diese Gegend als „Salzpfannen von *Maras*", in denen bis jetzt beträchtliche Salzmengen durch Verdunstung gewonnen werden.

Der Gebrauch während der Reinigungsrituale war untersagt. Danach wurde es mit umso mehr Genuss verzehrt. Während der Festtage zur Sommersonnenwende, versenkten sie Opfergaben im Heiligen Fluss (*Mayu cati*). Jene, die sie rasch auf dem Rückweg von *Cusco* zum Heiligtum nach *Ollantaytambo* begleiteten, kehrten mit kleinen Salzfiguren in die Stadt zurück, jedes in einer bestimmten Form (Lanze, Falke), um von den Heldentaten seines Tages zu zeugen[62].

Salzpfannen von *Maras*

(62) Molina, (1574), 1943: 64-66

Ollantaytambo

Blick vom Berg *Wakay Willca* (Träne der Sonne), den man als den Schutzgeist dieses Talabschnittes ansieht.

Die Terrasssen von *Muscapuquio*, fünf Kilometer flussaufwärts von *Ollantaytambo* am *Patacancha*-Fluss.

Das Heiligtum von Ollantaytambo

Ansicht des Sonnentempels in den frühen Morgenstunden des Tages der Wintersonnenwende am 21. Juni (Südhalbkugel).

Etwa 89 km nordwestlich von *Cusco* im Heiligen Tal liegt *Ollantaytambo*, einer der archäologisch interessantesten Plätze in Peru. Auf einer Fläche von ungefähr 600 ha beinhaltet dieser Komplex religiöse, astronomische, administrative und städtische Abteilungen, von denen einige Areale für landwirtschaftliche und viehzüchterische Nutzung bestimmt sind.

Choquetacarpo (der goldene Stab), *Choquepayán* (wo Gold wächst), *Choquepacarina* (der Ursprungsort des Goldes), *Choquebamba* (die goldene Ebene), *Choquellusca* (wo Gold liegt) sind einige Namen der Berge und Orte aus der Umgebung. Der religiöse und symbolische Kontext dieser Namen erinnert uns an die goldene Natur dieses Heiligtums.

Dieser Ort liegt inmitten einer Landschaft, deren gebirgige Gestalt und zufällige Position zusammen mit den Extremen der Sonnenstellung am Horizont eine Abfolge erstaunlich klarer Effekte auf die Umgebung erlaubt. Dieser auf der Welt einzigartige Ort inspirierte viele der fantastischen Vorstellungen der Inka-Mythologie und zog die Aufmerksamkeit der Priester und Astronomen auf sich, die dort einen Sitz des mythischen Ursprungs ihrer Herrscher und folglich die Quelle des Wissens zu errichten gedachten, was das Leben in Harmonie mit dem Universum für alle Menschen unter der schützenden Herrschaft des Sohnes der Sonne ermöglichen sollte.

Um dies zu erreichen, war es für sie notwendig, die Tätigkeiten des Menschen an den Rhythmus der irdischen und himmlischen Mächte aufeinander abzustimmen – Rhythmen, deren Intervalle in die Wort-Zeit übersetzt wurden, das Wissen, das mit den Helden identifiziert wurde, mit dessen mythischer Geschichte wir uns bereits befasst haben und mit dessen in der Zeit versteinertem Bild wir uns jetzt befassen wollen.

Wiracochan oder *Tunupa*

Man beschrieb ihn als Botschafter von *Wiracocha*, seine Quelle, den Wanderprediger des Wissens, den Alleskenner der Zeit und eine Person mit übermenschlicher Kraft, beschrieben als großer Mann mit kurzem Haar, gekleidet wie ein Priester oder Astronom mit einer Tunika und einer Mütze mit vier spitzen Ecken – so wurde *Tunupa* auf einem felsigen Flanken des Berges *Pinkuylluna* in einem gigantischen bildhauerischen Profil dargestellt. Im Detail kann man jede seiner ihm zugefügten ikonografischen Eigenschaften erkennen. Mit grimmigem Antlitz und mahnender Ausstrahlung blickt sein von

Menschenhand und Zeit geformtes Gesicht von den Klippen über den Abgrund. Die Klippen dienen als sein Körper und- fast nicht wahrnehmbar- formten sie Hände, die die Ladung oder Bündel der Wanderer stützten.

Wiracochan oder *Tunupa* – ein 140 m hohes Monument, das aus dem Berg gehauen wurde; am unteren Bildrand des Fotos sind die Dächer der Stadt *Ollantaytambo* erkennbar.

Künstlerische Darstellung dieser Figur und seiner Ikonografie.

So wird hier als Eigenschaft dieser Art von Kunst der spezielle Gebrauch der unwissenden Erbauer augenscheinlich, wie man mit menschlicher Arbeit den letztendlichen Ausdruck von etwas hervorbringen kann, das die heilige Natur bereits skizziert hat. Wie auch immer - der Ort der Beschaffenheit und die spätere Arbeit der Gestaltung von Relief und Form waren nicht nur reiner Zufall, sondern zähe Studien, die in einem nahezu mimetischen Monument resultierten. Es stimmte mit der Umgebung in Harmonie überein und der Gegensatz von Licht und Schatten erinnert an übernatürliche Schöpfung.

In den Anden förderte die große Anzahl von in Wechselbeziehung stehenden Ökosystemen, die in dieser Landschaft vorkommen, gekoppelt mit einem wechselhaften Klima, durch alle Zeiten die Entwicklung des menschlichen Verständnisses und das grundlegende Wissen, das darauf ausgerichtet ist, die notwendigen Mitteln zur Erhaltung und Schaffung von Gesellschaften zu finden, die in Harmonie mit dem unsicheren Rhythmus mit dieser vielfältigen Natur leben können. Deshalb sehen sie die Welt als ein „lebendiges" und in Wechselbeziehung stehendes Ganzes, in dem der Mensch nur ein Teil ist.

Kunst, die den Geist der Zeit einfängt, verwirklicht und erschaffen in dieser Vorstellung. Das Monument wird von Effekten durch Licht und Schatten umfangen, wodurch der Held das ganze Jahr hindurch in seiner Lebenskraft erscheint, egal ob er um 14.30 am Nachmittag schläft oder eine Stunde später wachsam und aufmerksam ist.

So war *Wiracochan* oder *Tunupa* die Darstellung der kosmischen Vitalität von *Wiracocha*, einer Vitalität, die nichts anderes als die Synthese des Verhaltens der Natur ist. Die Bedeutung der Namen zeigt dies:

Wiracochan: *Wiracochas* Botschafter

Tunupa: die Baumkrone (schützende Natur)
Das Böse befehlend; kühn, unverschämt (unbeherrschte Natur)[63]

Wenn es in diesem Landstrich Zeiten einer bestimmten klimatischen Stabilität gibt (schützende Natur), dann gibt es andere Umstände, in denen das Aufkommen des *El Niño* entlang der peruanischen Küste schwere klimatische Störungen hervorruft, die mit Zerstörung und Hunger als Folgeerscheinungen einhergehen (unbeherrschte Natur; seismische Aktivität ist ebenso ein Aspekt). Es war kein Zufall, dass *Tunupa* mit dem Meer assoziiert wurde, den Kräften der Erde und mit Vulkanen[64].

Die Gründe für die Entwicklung der Trockentechniken sind offensichtlich - sie dienten zur Haltbarmachung von Lebensmitteln über längere Zeiträume hinweg[65]. Im Laufe der Zeit konsolidierten die Inkas ihre Macht aufgrund dieser Techniken dank der Etablierung einer Speicherwirtschaft und der darauffolgenden Umverteilung dieser Waren gemäß der Interessen des Staates.

Diese Weitsichtigkeit im Zusammenhang mit der zivilisatorischen Botschaft von *Tunupa* ermöglichte die Definition eines Systems der Produktion, Behandlung und Speicherung in maximaler Verträglichkeit mit den Anforderungen an die Umwelt. Das sieht man in dem Teil des Bündels, das der Wanderer auf seinem Rücken trägt (siehe Seite 84 und 85). Im Kontext mit der Symbolik von *Tunupa* als den Wissenden der Welt und Schöpfer des Wohlbefindens errichteten sie Häuser, die im Hinblick auf ihre Speichermöglichkeiten geschaffen wurden. Dort lagerten sie Nahrungsmittel und andere von Menschenhand gefertigte Waren.

---

(63) Bertonio (1612), 1879, II: 364

(64) Der Vulkan in der Nähe der Salzpfannen von *Uyuni* (Bolivien)trägt noch immer seinen Namen.

(65) In den Anden werden nahezu alle bekannten Arten von Knollen, Samen und Fleisch getrocknet.

Diese durchgehende Notwendigkeit, Wissen derselben Art und Gestalt wie Natur zu entwickeln, findet man in der Chronik von Blas Valera (1590) ausgedrückt, der kommentiert: „ Der Inka-Priester war eine Persönlichkeit, die von den hohen Herren und vom Volk respektiert war. Während seiner Lebenszeit hielt er sich an strengste Abstinenz, aß niemals Fleisch und ernährte sich von Kräutern, Wurzeln und Fladenbrot. Er trank keinen Wein, sondern nur Wasser, sein Zuhause war in den Feldern, selten in bevölkerten Gegenden. Er sprach wenig, war in einen einfachen Umhang aus Wolle gehüllt, der bis zu den Knöcheln reichte und darüber hatte er noch einen dunklen Mantel, schwarz oder purpur. Sein Leben am Land bestand aus Beobachtung und Meditation über die Sterne und die Wesenszüge seiner Religion...“

Und da es klar ist, dass in der Welt ohne Wissen über die Zeit nichts geplant werden kann, setzten sie Grenzsteine und Fixpunkte fest, um die Bewegung der Himmelskörper zu studieren.

Viele dieser Grenzsteine waren Berge, die man für heilig hielt. Sie waren mit der Idee verbunden, dass sie die Achse der Welt seien. Die ist der Fall bei *Pinkuylluna* (wo die Skulptur von *Tunupa* eingemeißelt ist), der vom Sternenobservatorium gesehen wurde, das heute unter dem Namen *Incahuatana* bekannt ist. Von diesem günstigen Punkt aus gesehen scheint *Pinkuylluna* die Achse zu sein, um die sich die Sonne im Laufe eines Jahres dreht.

Sonnenaufgang über dem Gipfel des *Pinkuylluna* zur Frühjahrssonnenwende, gesehen von *Incahuatana* aus.

Nichts desto trotz ist es auch nicht so einfach, das Datum einer Sonnenwende durch einfache Beobachtung der Extreme in der Verschiebung der Sonne in ihrer scheinbaren Bewegung nordwärts (Winter) und südwärts (im Sommer) zu bestimmen Um diese mit noch größerer Beobachtung auszuführen, nützten sie das Phänomen der Parallaxe[66] und errichteten Observatorien. Sie verwendeten den Gipfel des *Pinkuylluna* als Fixpunkt. Von den Observatorien war es möglich, eine Beziehung zwischen dem ersten Erscheinen der Konstellation herzustellen, die den Mais (die Plejaden) schützte, gesichtet im Moment des Aufgangs, und der Position der Sonne zum Zeitpunkt der Wintersonnenwende. Diese Technik ermöglichte ihnen weiters, kleine Positionsveränderungen unter den Sternen zu bestimmen, die im Laufe der Jahre gemäß Veränderungen von Tagundnachtgleichen[67] entstehen. Folglich wurde dies ein wertvolles Instrument, das eine Kalenderreform ermöglichte.

Die Plejaden und die Sonne zur Morgendämmerung am Tag der Wintersonnenwende (21.Juni), vom Sonnentempel aus gesehen.

(66) Parallaxe ist die scheinbare Differenz, die ein Stern am Firmament zu haben scheint, gemessen an der Differenz am Punkt der Beobachtung.

(67) Die rückläufige Bewegung der äquinoktalen Punkte (wo die Eklypse den Äquator kreuzt).

Zur Sommersonnenwende sechs Monate später (22.Dezember) feierten sie das wichtigste Fest des Imperiums (*Capac Raymi*), die Zeremonie der nahenden Reife für junge Männer und der Früchte des Feldes. An diesem Tag beleuchtet die Sonne die Profile des Berghanges und erhellt das Haupt von *Tunupa* (der symbolisch der Idee des „allwissenden" Wesens entspricht). Daraufhin fällt das Licht in den Tempel, wobei alles andere noch im Schatten bleibt (siehe Abbildung Seite 91).

Es war niemals Zufall, dass sich diese Bauwerke an den ausgewählten Orten fanden, eher das Gegenteil, nämlich religiöse Notwendigkeit. Dies führte zur Herstellung von Beziehungen, in denen verschiedene Elemente aneinander gebunden waren: der Mensch wurde in dieser Welt zu Stein (*Kay Pacha*), der Heilige Berg und die darin verborgenen Höhlen entsprachen den ruhenden Mumien der Vorfahren (*Ukhu Pacha*), und die Sonne, die durch die Bestimmung der Zeit und die Freigebigkeit des Lebens der Welt außerhalb (*Hanan Pacha*) die Welt regiert.

Zeichnung von Guaman Poma (1613), in der der Berg *Pinkuylluna* dargestellt ist. Er hat mehrere Eigenschaften, denen verschiedene zusätzliche Namen gegeben wurden wie *Aravipincollouanca* (der Beschützer von Musik von *Pinkuyllo*) und *Cinca orco* (der Hügel, der verhüllt). Am Fuße des Berges ist das Wort „*uacapuncu*" zu lesen. Es bedeutet: Tor zum Heiligen Ort

Profil von *Tunupa*: Aufnahmen, die den Lichteffekt zeigen, der zur Sommersonnenwende in seinem Tempel entsteht.

Alte *Pisonay*-Baum (*Erytrina falcata*)

Viele Völker hielten Bäume für Altmeister der Schöpfung und ihrer soliden und robusten Präsenz wegen für ein lebendes Zeugnis aus uralten Zeiten.

In den südlichen Anden wurde das Wort „*Mallqui*" nicht nur für Mumien der Vorfahren verwendet, sondern bezeichnete auch Bäume und Teile der Bäume, die mit der Struktur der königlichen Abstammung assoziiert wurden.

Die Andenvölker, die von jeher Ahnenverehrung praktizierten, sahen Bäume in ähnlicher Weise und in den jahrhundertealten Wurzeln sahen sie die Stütze dieser Bäume, unter denen die ersten Menschen Schutz und Schatten[68] fanden.

Der Stamm stellte für sie die Einheit und den übernatürlichen Wohnort der Ahnengeister dar, die Äste repräsentierten die adelige Herkunft und die Früchte waren die Fortsetzung der Generationen.

So wurden Bäume zu Symbolen und stellten in ihren Mythen ebenso wie die Berge Plätze dar, wo alles Leben Zuflucht fand, wenn die großen Fluten aufkamen. Bäume stellten auch *Pacarinas* dar, Ursprungsorte einiger menschlicher Abstammungslinien. Diese erschienen in den Visionen der Priester als zweiköpfige Schlangen, die in einen uralten Baum verwandelt wurden, der bei der Berührung des Himmels zu einem Regenbogen wurde (*Sachamama*).

Sogar noch am Ende des 16.Jahrhunderts waren Bäume Objekte der kultischen Verehrung in der Stadt *Cusco*[69] genauso wie im Heiligen Tal. Das war sicher der Fall im Sternbild des Spaltbaumes[70], der auf der Erde in einer ungewöhnlichen Arbeit über die Länge und Breite der Alluvial-Wanne dargestellt ist, wo heute die Neustadt von *Ollantaytambo* gelegen ist. Hier schufen sie die Figur eines Baumes, der durch die Strömung des *Patacancha*-Flusses in zwei Teile geteilt ist.

---

(68) Garcilaso (1609) kommentierte, dass er im Heiligen Tal einen großen, blättrigen Baum gesehen hatte, den sie für heilig hielten, weil die Inkas darunter saßen, um die Zeremonien zu bezeugen, die im *Yucay*-Tal abgehalten wurden.

(69) Cristóbal de Albornoz schrieb 1613, dass unter den zahlreichen Schreinen der Stadt *Cusco* „*Capa* ein großer Baum war, den sie schmückten und ihm viel Opfer brachten."

(70) Die mündliche Überlieferung des Volkes der *Aymara* erkennt im Sternbild des Widders ihr eigenes Sternbild, genannt *Ali Pakita* oder gespaltener/gebrochener Baum. Ibarra, 1982: 401

Diese Figur wurde von Juan Santa Cruz Pachacuti (1613) beschrieben. Als er sich auf den Ort bezog, wo die Herkunft des ersten Inkas *Manco Capac* lag, zeichnete er eine Ideografie und schrieb:

„Und so befahl der Inka, dass sie die Wurzeln mit Gold und Silber beschlagen und Früchte aus Gold darauf hängen sollten, denn diese zwei Bäume stellten ihre Eltern *Apotambo* (den Herrn von *Tambo*) und *Pachamamaachi* (Mutter der Zeiten) dar – und sie waren der Stamm und die Wurzel. Die Inkas, die nach ihnen kamen, waren die Früchte. Und all dies wurde getan, um sich ihrer Größe zu erinnern."

Am Fuße dieses großartigen Bauwerkes (siehe Abbildung und Zeichnung) sieht die ungewöhnliche Struktur von Terrassen wie ineinander verschlungene Wurzeln aus und der Stamm (angedeutet durch die Berge von *Tamboqasa* und *Pinkuylluna*) nimmt die gebogene Form an, durch die der *Patacancha*-Fluss wie ein lebensspendender Saft fließt, der sich später in ein Netzwerk von Kanälen verteilt, die wie die Äste aussehen. Diese Kanäle nähren die übereinanderliegenden Terrassen, wo Getreide und Quinoa angepflanzt werden.

Eine wichtige Eigenschaft dieser verästelten Kanäle ist die Abtrennung vom Zentralkanal in zwei Hauptkanäle, wobei einer die Bewässerung der *Hanan*-Sektion (*Hanan* = männlich, rechts) gewährleistet und der andere, der Regenbogen genannt wird, führt zur *Urin*-Sektion (*Urin* = weiblich, links). Im *Urin*-Teil wurde ein Bauwerk für die Darstellung der Frucht errichtet. In diesem Teil des Monumentes erkennt man durch seine hervorragende Ausarbeitung die Bestimmung für die Natur und Ewigkeit. Das Bauwerk, auf das wir uns hier beziehen, ist kein anderes als die Pyramide von *Pacaritanpu*. (A)

Tatsächlich haben Früchte gewöhnlich einen klarbegrenzten Umfang und deswegen stellen sie sowohl die Nachkommen als auch den in ihren Samen enthaltenen Ursprung dar; die Samen hingegen sind dafür bestimmt, die Arten über die ganze Welt zu verbreiten. Deshalb wurde dieser Frucht im Kontext mit der Inka-Mythologie die Funktion der Darstellung der *Pacarina* zu Teil, - dem Ort, von dem ihre Führer stammten.

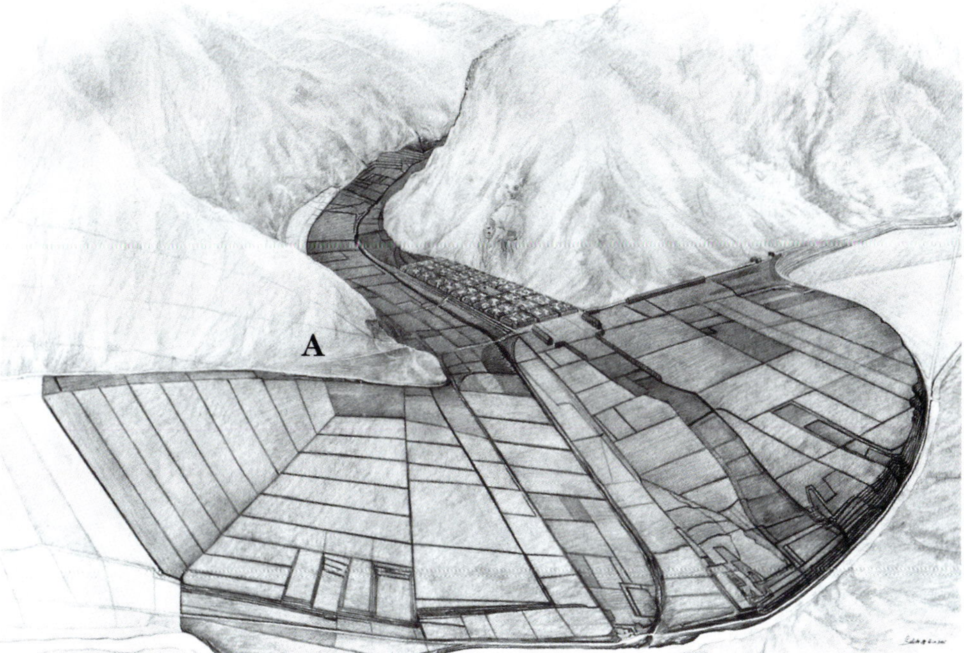

Ansicht des majestätischen, mythischen Baumes des Ursprungs und darunter die Darstellung eines Künstlers.

Eine Luftaufnahme von *Ollantaytambo*; man erkennt wie der gesamte Komplex eine gigantische Darstellung des Heiligen Baumes bildet. Links die Darstellung der Frucht – man sieht auch die pyramidenähnliche Konstruktion von *Pacaritanpu* oder des Hauses der Morgendämmerung

Der *Pacaritanpu* – der Ort des mythischen Ursprungs der Inkas

„Etwa fünf Meilen von Cusco entfernt ist der Pacaritanpu, was soviel wie Haus der Morgendämmerung oder Palast des Fensters bedeutet, **über den viel gesprochen und der hoch geschätzt wird, mehr als man über ihn sagt als über seine wunderbare Struktur,** weil er so ist, dass er nur Zeuge seines Alters ist und jetzt ist er umgeben von Bäumen, von denen die Indianer glauben, dass sie heilig sind. Die Indianer erklären, dass aus diesen Wohnorten nach der Urflut die ersten Inkas in die Welt ausströmten." So schrieb Cabello Balboa 1586, ohne die Großartigkeit des Bauwerkes zu verstehen, das er beschrieb, dass dieser Ort, der erst kürzlich als enormes Gefüge in Art einer Pyramide entdeckt wurde, nicht errichtet wurde, um vom Wohnort der Menschen gesehen zu werden (wovon man seine Existenz herleiten könnte) als eher von den Höhen, wo die Kräfte der mächtigen Berge ihren Aufenthalt haben.

Wenn man in Betracht zieht, dass eines der Stadien in der Entwicklung der Kunst in Zivilisationen das „Verstehen des himmlischen Universums und die Entwicklung von Systemen war, die dem Menschen erlaubten, die Phänomene mittels mündlicher Überlieferung zu verstehen und aufzuzeichnen, sowie auch die Neigung, spirituelle Kräfte zu personifizieren und sie zu materialisieren"[71], erst dann werden wir die Ursache für jede einzelne Eigenschaft dieses Bauwerkes begreifen.

Um es vollständig zu verstehen, ist ein Aufstieg in das Tal unerlässlich. In diesem Fall begehen wir den Berg, von wo das Bauwerk ausgeführt wurde, bis man nach und nach die Höhen erreicht, die uns zeigen, dass der Komplex, der aus Linien und Stufen besteht, die das Monument ausmachen, sichtbar wird, immer mehr – je höher der Betrachter steigt. Eine Aufeinanderfolge von neun Terrassen, die für Ackerbau genützt werden (versorgt mit Bewässerungskanälen und Quellen) scheinen dem Betrachter die zwei Stirnseiten der Pyramide zu sein, zwei Flächen, die etwas niedriger in der flächenmäßig größten der Terrassen liegen, die wie „Fenster" in die Erde aussehen und die Matrix des Ursprungs der Inkas und des Lebens symbolisieren (siehe Seite 98 und 99). Studien, die unlängst in der Umgebung durchgeführt wurden, bestätigen die Tradition, die besagt, dass der Boden dieser Terrassen von weit hergebracht wurde, um sie zu errichten, und Gruben, die zur archäologischen Erforschung gegraben wurden, zeigen die peinlich genaue Arbeit, mit der die Steine positioniert wurden, um das Fundament zu bilden; man sieht die aufeinanderfolgenden Ebenen des landwirtschaftlichen Bodens, mit dem jede dieser Terrassen ausgestattet war.

---

(71) Grieder, 1987: 93

Die Pyramide von *Pacaritanpu* von einem der Hauptorte aus gesehen, von wo aus seine Errichtung geplant wurde – und eine künstlerische Darstellung, die die allgemeinen Formen und die heiligen Areale zeigt.

Nach fünf Stunden des kontinuierlichen Aufstiegs und nach der Erreichung des Wohnortes der Berggeister (an einem Ort, der *Intipuncu* oder Tor der Sonne genannt wird), ist es endlich möglich, die gesamte Anlage in ihrer Großartigkeit zu überblicken.

Der Schrein des Intipuncu, - von hier manifestiert sich
die Pyramide von *Pacaritanpu* in der Ganzheit ihrer heiligen Ausrichtung.
Unten: man bemerke die zwei rätselhaften „Fenster" auf diesem Foto.

In der Inka-Mythologie symbolisieren diese „Fenster“ den Zugang in die Welt des Unbekannten. Sie stellen auch die heiligen Gefäße dar, mit denen sich mittels des Sonnenlichtes die äußere Welt (*Hanan Pacha*) mit der inneren Welt (*Ukhu Pacha*) vereinigt. Und zwar in dem Kreis, der die Prinzipien der Generation aktiviert, die das Leben an Mensch und Erde gibt (*Kay Pacha*).

In Übereinstimmung mit dieser Kosmologie fällt am Tag der Dämmerung zur Wintersonnenwende (21.Juni), dem Tag, an dem sie an das Aufkommen der Inkas gedenken, ein Lichtstrahl durch die kahlen Berge, der genau an dem Platz auffällt, von dem die Überlieferung besagt, dass die ersten Inkas als Götter die Erde betraten. Demnach begrenzt das Sonnenlicht mit erstaunlicher Präzision eine der Ecken der Pyramiden-Konstruktion – Beweis genug, dass sie bewusst auf die Sonne hin ausgerichtet war. Dank der Information, die ihm der Astronom Inka Juan Yumpa gab, beschrieb der einheimische Chronist Guaman Poma (1613) dieses Merkmal: „ Während der Aussaat beobachten sie auf den Monat und den Tag genau die hohen Berggipfel, über die sich die Sonne erhebt. An der Klarheit des Lichtstrahls, der auf das Fenster fällt, bestimmen sie die Zeit des Säens und der Ernte in diesem Königreich.“

Über diesen Astronomen und sein Wissen schrieb Guaman Poma weiters: „ Dieser Mann kannte das System der Philosophie, er wusste über die Sterne Bescheid und den Kreis, den die Sonne zog. Er sagt, die Sonne residiert auf ihrem Thron und herrscht wie ein König (21.Juni), dasselbe geschieht im August und im Dezember.... diese Uhr täuscht sie nicht, da sie sich sechs Monate lang nach links bewegt und die anderen sechs nach rechts.“
Dieser Effekt ist auf den hier gezeigten Fotos sichtbar.

Von den Überzeugungen, die durch den von diesem antiken Kalender fixierten Festlichkeiten bekräftigt wurden, bleibt an diesem Tag vor allem eine in der Seele des einfachen Volkes. Das ist das spirituelle Konzept der Erde als wichtigster Generator des Lebens, der in den ersten Augusttagen aktiviert wird, dann, wenn es Zeit ist, den Boden zu bebauen und die Feldfrüchte des Jahres zu pflanzen. Zu dieser Zeit werden Opfer dargebracht, um die Dankbarkeit für die Güter und den erhaltenen Segen zu zeigen. Diese Periode, in der die Erde Frieden erhält, weil sie nicht bearbeitet wird und ihr Liebe durch Opferung dargebracht wird, ist auf diesem Monument durch einen ähnlichen Lichteffekt erfasst, der am ersten Tag des August auf dem kleineren der beiden „Fenster" sichtbar ist.

In der Morgendämmerung des Tages der Sommersonnenwende (22.Dezember) fällt das Sonnenlicht auf die Westseite des *Pacaritanpu*; der Höhepunkt des Festivals wurde an diesem Tag abgehalten, um das Mündigwerden der jungen Männer und der Früchte des Feldes zu zelebrieren.

Alles oben Dargestellte erklärt symbolisch den Namen dieses Ortes als Haus der Morgendämmerung und zugleich als den Ort, von wo die Inkas und die Zeit ihren Ursprung nahmen.

Die Konstellation des Lamas

Das Lama ist das größte Tier der in Südamerika angestammten Kamelart. Es ist etwa eineinhalb Meter hoch und sein Körper ist fast ebenso lang. Es ist von grazller Erscheinung und hat ein Wollfell, das braun, schwarz, grau oder weiß ist und für die Herstellung von Seilen und Textilien verwendet wird. Vor langer Zeit schon wurde es domestiziert und hochgeschätzt, da es bis 20 kg schwere Lasten tragen und mehrere Wochen ohne Wasser auskommen kann, weil es genügend Flüssigkeit durch das feuchte Weidegras aufnimmt, das es frisst. Es gab keinen Ort in dem riesigen Territorium, welches das Reich der Inkas umschloss, wo das Heer ohne Begleitung von Tausenden Lasttieren hinkam, immer in Gegenwart des himmlischen Archetypus - einer Konstellation, die exakt unter dem Kreuz des Südens liegt. Sie ist durch dunkle Flecken innerhalb der Milchstraße auszumachen, plus der Sterne, die uns als Alpha und Beta Centauri bekannt sind und die Augen darstellen. Ähnlich wurde das Lama in den von den spanischen Chronisten gesammelten Geschichten beschrieben. Unter ihnen zitieren wir Bernabé Cobo, der berichtet: "Und sie verehren einen anderen, der sich neben dem Stern des Urcuchillay befindet und sie nennen ihn Catachillay, der etwas Großes neben einem kleineren ist. Sie sagen, dass dies ein Lama neben seinem Baby ist..."

Um sein Bild im Heiligen Tal zu haben, wurde ein Tempel errichtet, der auf den Flanken des Berges *Tamboqasa* in *Ollantaytambo* das Lama darstellt.

In der architektonischen Aufmachung dieses rituellen Raumes kann man die sich ins geometrische neigende Form erkennen, als ob der Erbauer die Abstraktheit beabsichtigt hätte, um eine spezielle Trennung der physischen Qualität des Objektes zu erreichen und daraus etwas Einfaches aus dem Amorphen zu gewinnen.

Es existiert auch eine totale Synthese, die den Wunsch zur Schaffung der visuellen Einheit außerhalb der vielen Elemente reflektiert und zugleich eine formelle Notwendigkeit, die sich aus dem Verlangen ableitet, einen Inhalt sowohl zu zeigen als auch zu verbergen, aber im Grunde lebenswichtig ist[72], wie es eine Eigenschaft in den meisten Beispielen der Inka-Architektur ist, vermeiden die Elemente den Prozess der Wiederholung und streben danach, die phänomenologische Welt in der Darstellung des Symbols zu gestalten.

Der Haupteingang des Sonnentempels – man bemerke, wie während der Frühlings- Tagundnachtgleiche (23.September) die in die Felsblöcke gehauenen Protuberanzen nicht nur von zusätzlichem ästhetischen Reiz sind, sondern in einer Reihe mit dem Schatten, den sie werfen, fixieren sie das Datum.

(72) Vom Standpunkt der Kunstgeschichte wird Vitalität als zentrale Lebenskraft betrachtet. Als solche kann sie sich selbst in menschlicher oder tierischer Gestalt und sogar in abstrakten Dekorationen manifestieren. Wo immer magische Riten mit diesen Formen in Verbindung gebracht werden, ist Vitalität mehr noch als Schönheit die dominante ästhetische Qualität (Read Herbert, 1975: 39).

Ein ritueller Ort, der der Konstellation des Lamas gewidmet ist – von oben gesehen.

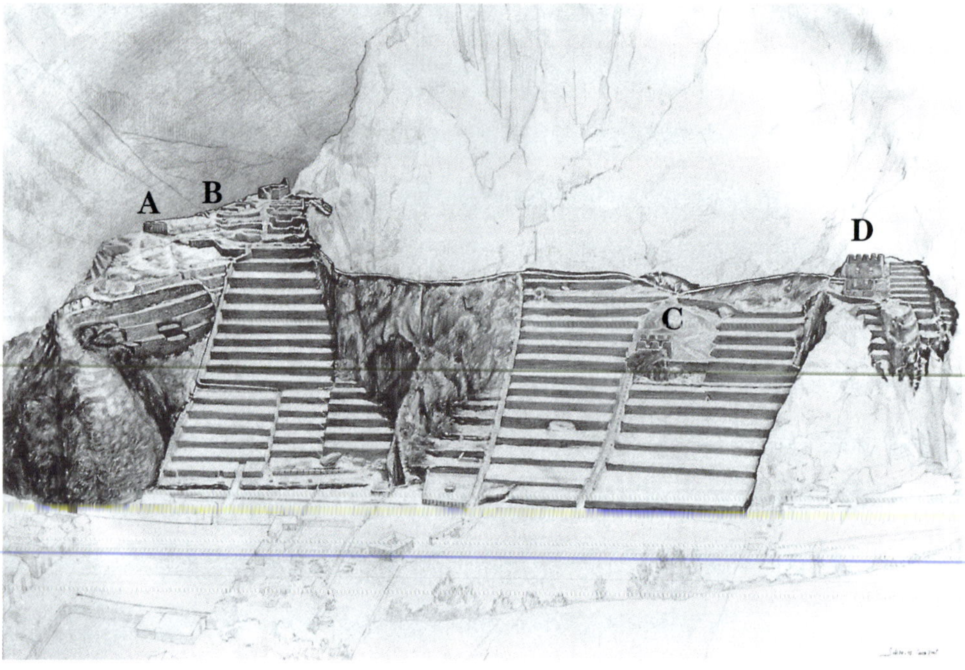

Darstellung eines Tempels, der *Catachillay* gewidmet ist, dem siderischen Lama.

Sowohl in den Fotos als auch in der Zeichnung sieht man, wie diese Konstruktion und die Linien die Form der Konstellation schaffen, die die Proportionen beinhaltet, die sie wieder erschaffen. In ihrem symbolischen Kontext zeigt sie die unzertrennliche Beziehung mit Wasser. Nicht umsonst hielt die überquellende Anden-Mythologie diese Tiere für die Schöpfer von Quellen und Seen. Somit findet man den sogenannten Sonnentempel (A) in dem Abschnitt, der den Kopf des Tieres darstellt, während sich daneben eine vierseitige Anlage befindet, die mit einem Kind und verschiedenen liturgischen Quellen verbunden ist. Dies symbolisiert das Auge des Mutterlamas (B).

Der Abschnitt, der seinem Hinterteil entspricht, ist durch einen Pfad gekennzeichnet, der den Kopf mit dem Schwanz verbindet. Der Rest seines Körpers besteht aus den Stufen und Terrassen, die die wollenen Fasern seines dicken Felles darstellen. Seltsamerweise gibt es an der Basis Bauwerke (C) und (D), die als Warenhäuser für Samen dienten und die implizit die Fortpflanzungsorgane darstellten (sowohl männlich als auch weiblich), unterirdische Kanäle, die wie Harnkanäle Wasser in die Kanäle abfließen lassen, die diese Abschnitte bewässern, in direkter Anspielung auf die mythologischen Eigenschaften, die ihm in seiner Funktion als Gottheit zugeschrieben werden, als die es verantwortlich für die Bewahrung des unsicheren Gleichgewichts des Wasserkreislaufes ist. Erst dann versteht man die vom Chronisten Cobo (1653) berichtete Version, die besagt:

„...ein großer Fluss fließt durch die Mitte des Himmels, der ein weißes Band namens Milchstraße ist. Man glaubte, dass das Lama das Wasser dieses Flusses trinken würde und dann erst würde es (das Wasser, Anm. des Übersetzers) auf die Erde fallen..."

Diese Version der Mythe über das himmlische Lama, die von Francisco de Avila 1598 gesammelt und aufgezeichnet wurde, hilft das Mysterium zu enthüllen, das bis vor kurzem noch diese Anlage umgab und seine eindeutige astronomische Ausrichtung zu bestätigen.

„...sie sagen, dass das yacana (Catachillay) wie der Schatten eines Lamas oder ein Double dieses Tieres ist, das durch das Zentrum des Himmels geht. Es ist sehr groß und dunkler als der Nachthimmel, es hat einen langgestreckten Nacken und zwei Augen...man sagt auch, dass es um Mitternacht herunterkommt, um Wasser aus dem See zu trinken und dann ist es nicht mehr möglich, es zu sehen und zu fühlen. Denn wenn es dieses Wasser nicht trinken würde, gäbe es auf der ganzen Erde Überschwemmungen. Man sagt auch, dass es ein Baby habe und sobald es zu säugen beginnt, erwacht das Lama..."

Dieser Teil der mythischen Geschichte wurde schlicht durch das Auges des Lamas ausgedrückt. Hier sieht man einen überraschenden Lichteffekt, der mit der Präzision derer bemessen wurde, die diese Anlage geplant hatten.

Die Tatsache, dass dieser Tempelabschnitt der einzige Teil ist, der von der Sonne beleuchtet ist, wird der Mythe entsprechend als der Moment interpretiert, in dem das Himmelstier symbolisch „erwacht". Nachdem das Sternbild des Lamas im April seine höchste Position am Himmel erreicht, ergeben sich leichte Veränderungen seiner Position, die Anfang Juni wahrnehmbarer werden, bis es hinsichtlich seine Horizontes im Oktober den tiefsten Punkt erreicht. Das ist der Monat, in dem die Regenzeit beginnt und ab dann kann man die Sterne nicht mehr sehen, die seine Augen darstellen. Nach der Mythologie trinkt das Lama zu dieser Zeit das Wasser aus dem Meer, um die Welt vor Überflutung zu bewahren. Der Interpretation nach wacht es im Monat Juni, in dem es extrem trocken ist, auf. Dann bewegt es sich herab, um das Wasser des Ozeans zu trinken und der Zyklus beginnt von Neuem.

Diese Abfolge zeigt das Lichtphänomen, das die Wintersonnenwende (21.Juni) an dem Ort markiert, der das Lamaauge darstellt. Das Sonnenlicht beleuchtet nur diesen Teil des Gebäudes. In ihrer mythologischen Vision symbolisierte dies das „Erwachen“.

Auf der höchsten Erhebuung der Anlage sind sechs riesige Blöcke aus rosa Granit in einer langen exakten Höhe aufgereiht, die die prächtige Vorderseite der ceremonienplattform schaffen, die Sonnentempel genannt wird.

Unten sieht man die Anlage, die zur Verehrung des Wassers diente und auf der gegenüberliegenden Seite ein Detail aus dem Inneren. An diesem Platz wurden Erde, Wasser, Luft und Feuer zusammengeführt, um den Beginn der Wiederbelebung von *Pachamama* zu kennzeichnen - der Mutter der Zeit und der Witterung (Wintersonnenwende)

Tanpuquiro – die dem Mais geweihte Stadt

Mais (Zea mays) hat seinen Ursprung in Amerika und wurde zuerst in Mexiko und Peru heimisch gemacht. Die ältesten Maiskolben in Südamerika fand man in Peru im *Piki* Komplex (5.000 3.800 v.Chr.); Im Laufe der Zeit würde diese Feldfrucht die andinen Gesellschaften dank der Kontrolle seiner Kultivierung und der Schaffung von neuen Arten[73] revolutionieren, die als Mittel für Zivilisation und Kontrolle benützt wurden. Mais wurde dadurch ein wichtiger Bestandteil in ihren religiösen Anschauungen und oft als besonderes Element in ihrer Naturverehrung verwendet. Es wurden sowohl die Maiskörner selbst verwendet als auch das Getränk, das daraus hergestellt wurde. Dieses Getränk, das man *Ajha* oder *Chicha* nannte, diente als integrierendes Element in der Vereinigung von Menschen und Dörfern während der Festlichkeiten und rituellen Handlungen.

Mais wurde auch verehrt und war weiters ein wichtiger Bestandteil in den Ursprungsmythen, von denen es verschiedene Versionen gibt, die besagen, dass *Manco Capac*, der erste Inka, der erste war, der das heilige Korn in *Cusco* pflanzte, das aus dem „Haus der Morgendämmerung" kam.

Geheiligt wurde es durch den Namen *Saramama*, „Mutter Mais", man verstand darunter die archetypische Mutter der Produktion. Sie wird dargestellt durch Maisähren, die in Stein und anderes Material gemeißelt sind. Man glaubte, dass „die Seele oder der Geist des Mais" [74] in diesen Skulpturen wohnte.

Mit demselben Verständnis wurde eine Stadt erbaut, die gleichzeitig ein ritueller Ort war, den manche Versionen der Ursprungsmythe *Tanpuquiro* oder „Paläste in Form von Zähnen" nannten. Dieser Ort ist kein anderer als der antike und noch immer bewohnte Stadtteil von *Ollantaytambo*, der eine trapezähnliche Form ähnlich der einer Getreideähre aufweist und in der die Wohneinheiten, bewohnte Räume bekannt als „*cancha*", als Körner oder „Zähne" dienten. Seltsamerweise nennt man geröstete oder getoastete Maiskörner auch „*Cancha*".

(73) Heute glaubt man, dass in Amerika allein mehr als 200 verschiedene Arten von Mais existieren (Sanchez, 1966: 15). In Peru kennt man 55 verschiedene Arten, für die es genaue Bezeichnungen gibt, was es zum Land mit der größten Artenvielfalt und genetischer Verschiedenheit von Mais macht (Manrique,1997: 119)

(74) Cavero, 1986: 174

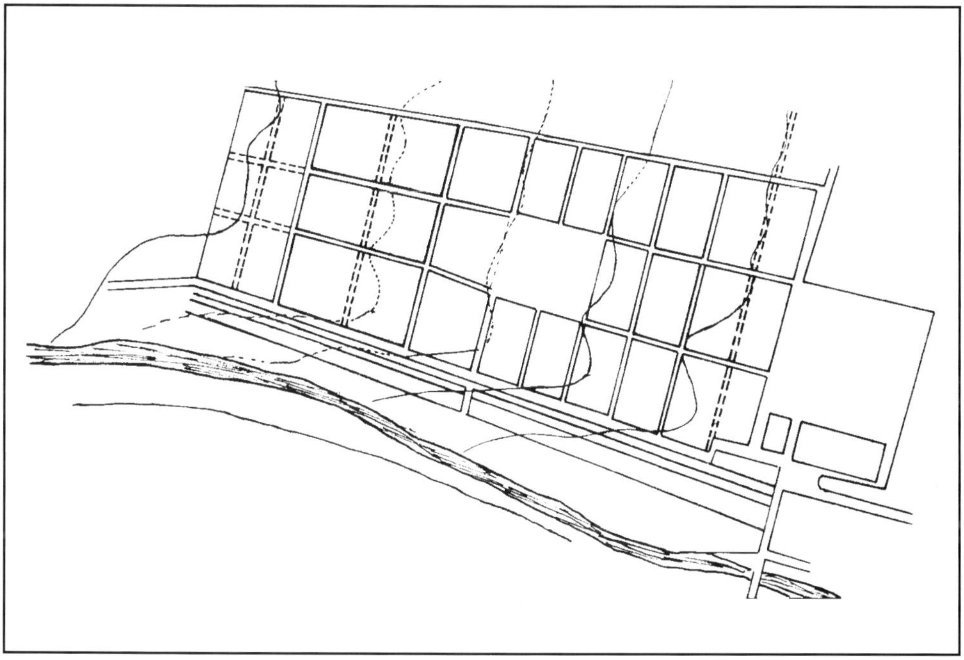

Stadtplan von *Tanpuquiro* oder *Ollantaytambo*

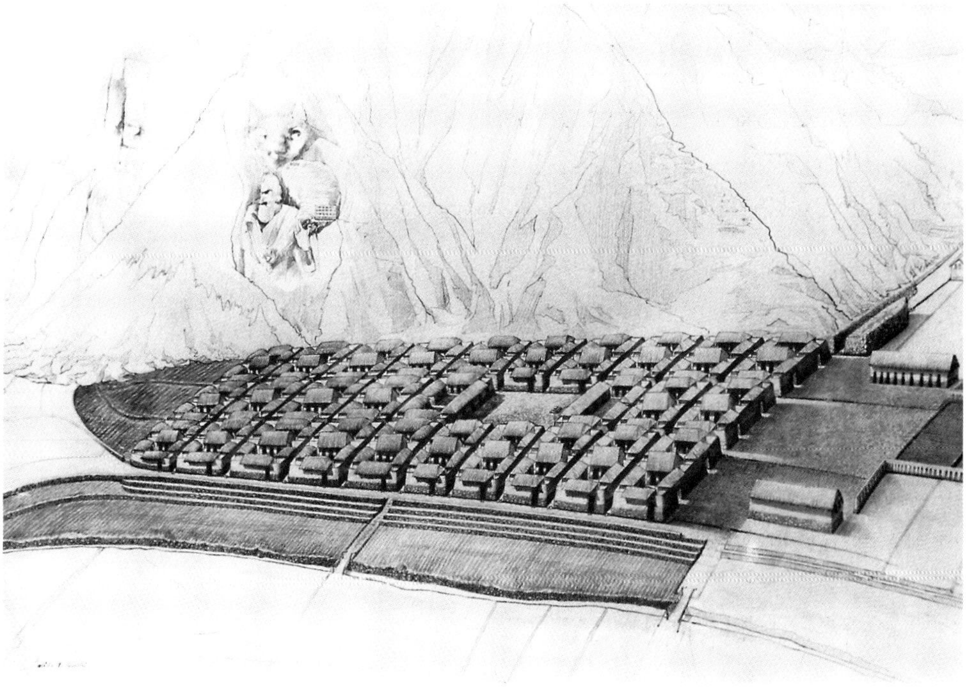

Künstlerische Darstellung der antiken Stadt von *Ollantaytambo*

Ein großer Teil der politischen und ökonomischen Macht lag früher wegen seiner großen Produktion in *Ollantaytambo* konzentriert, das über die weiten Agrarflächen erreicht wurde, die der Kultivierung des Mais gewidmet waren. Der Besitz dieser Maisart war wegen seiner produktiven, nahrhaften und therapeutischen Kapazität besonders geschätzt und erlaubte so die Kontrolle der unterworfenen Völker, die im Austausch überschüssigen Mais erhielten. Aus diesem Grund war der überwiegende Teil des Maisanbaus mit dem Staat verbunden.

In der nebenstehenden Abbildung erkennt man die Teilung in zwei Abschnitte: der hohe Abschnitt oder „*Hanan*"- Teil (A) und der untere Abschnitt oder „*Urin*"- Teil (B). Beide sind in weitere fünf Unterabschnitte bzw. im Ganzen zehn unterteilt, was nach dem Ursprungsmythos die Anzahl der Ayllus oder Gründungseinheiten der Stadt war. Zusätzlich waren die Straßen nach der aufgehenden Sonne zur Sommersonnenwende hin ausgerichtet. Im Hauptteil dieser Anlage befand sich eine Plaza (C), die heute überdacht ist.

Es ist zu erwähnen, dass der städtische Sektor, der dem niederen Teil entspricht, eine bessere Architektur hat. Alle Gebäude sind von feinster Steinarbeit und haben einen doppelten Torbogen im Kontrast zu den einfachen Eingängen, die man im oberen Teil der Stadt findet. Dieser architektonische Unterschied war mit der Absicht gedacht, der Anlage eine Ähnlichkeit mit einem Ohr zu verleihen. Man findet größere, wohlgeformte Maiskörner an der Basis der Ähre.

Von der Basis des Trapezoids zieht sich eine Reihe von Gebäuden entlang, die den Halm darstellen und sich bis an die Ufer des *Vilcanota*-Flusses (E) erstrecken, der sie symbolisch nährt.

So erreichten sie eine Stadt, die dem Mais geweiht war, um sich selbst aus der Kraft, Vitalität und magischen Stärke zu nähren, die ihm zugeschrieben wurde und im Gegenzug bewahrten die Einwohner alles im Gedächtnis, was für seinen Anbau getan werden musste.

Ollantaytambo – die dem Mais geweihte Stadt

Das Sternenobservatorium von *Inticcahuarina*

Wie bereits vorher erwähnt wurde, konnte die großartige Entwicklung in der Kultivierung von Mais im Heiligen Tal nur durch die Erstellung eines präzisen Kalenders zum Säen und Ernten erfolgen. Dies erlaubte die Festsetzung von Zeiträumen, die der Arbeit auf dem Land in jeder ökologischen Zone zugeteilt waren. Kalender wurden dank der Entwicklung von Observatorien-Anlagen erstellt, wie die eine, die gleich näher beschrieben wird.

Es gibt nur wenig Information über das astronomische Wissen der Inkas, das von Chronisten überliefert wurde und diese Chronisten machten sich wenig Mühe, den Kontext der Information über Wetter und Klima in den Anden zu überprüfen (was für die Astronomen jedoch die Hauptsäule war). Dieser Gegenstand war für die Mehrheit der Spanier nur von geringer Bedeutung, denn sie hielten es für Aberglauben. Ähnlich war die Rechtfertigung des Prozesses der (spanischen) Herrschaft, wie sie viele Chronisten gaben, religiöser Natur. Deshalb wurde diese Art des Wissens der eroberten Völker systematisch ignoriert. Nichtsdestotrotz sammelten sie einige wertvolle Informationen, die die Eigenschaften und grundlegenden Prinzipien der benützten Sternenobservatorien erläutern. In der Beschreibung von Betanzos 1551 liest man:

„ Der Inka befahl die Herstellung eines bestimmten Dinges, das man Pachaunanchango nannte, das bedeutet: Zeitkenner – das, wie wir annehmen, so ähnlich wie eine Uhr war – und durch dieses Mittel bestimmten sie die Zeit des Säens, oder Erntens...“ [75]

Diese Information wurde von Fernando de Montesinos 1644 bestätigt, der schrieb:

„Der Inka berief einen Rat der weisen Männer und Astrologen ein, um unter Verwendung eines Observatoriums, das eine Art Schattenuhr war, den Sonnenstand genau zu bestimmen. Durch diese Mittel wussten sie, welcher Tag lang und welcher kurz war, wann die Sonne zwischen den Wendekreisen kam und wann sie ging...“ [76]

---

(75) Betanzos, 1551/1880: 101-102

(76) Montesinos, 1644/1957: 49

Eine dieser in den Anden vermutlich am meisten fortgeschrittenen Einrichtungen findet man in *Ollantaytambo* im Abteil *Incamisana*, den wir *Inticcahuarina* nennen oder den Ort, von wo aus man die Sonne sieht und versteht. Hier sind nicht die Lichteffekte zu beobachten, sondern eher die Schatten, die genauere Beobachtungen ermöglichen.

Dieses Sternenobservatorium ist in eine solide Felsmasse eingearbeitet, in der fünf Stützbalken oder Vorsprünge in hohem Relief behauen sind, was eine Reihe von großen Schatten wirft. Diese Schatten verändern je nach Sonnenstand im Tages- und Jahresverlauf ihre Position, aber im Allgemeinen liegen sie um die Mittagszeit auf dem Grund der ganzen Einheit. Hier findet man eingemeißelte Anpassungen, die ähnlich wie Stufen sind und daneben eine Reihe von Einschnitten, die in den lebenden Fels gehauen sind, um den Raum festzulegen, wo die Schatten hinfallen. Dies erlaubte den Beobachtern, die verschiedenen astronomischen Daten ihres Kalenders festzuhalten.

Wir zeigen zwei fotografische Abfolgen, die diese Effekte illustrieren. Die erste Abfolge wurde zur Sommersonnenwende aufgenommen (22.Dezember). An diesem Tag nimmt der Schatten einen langsamen Lauf von den ersten Morgenstunden an, um später senkrecht auf den Felsen zu fallen, in einer Reihe mit den anderen stehend zur Mittagszeit. Später nehmen sie eine leichte Neigung an, sodass sie genau um 12.30 in die zu diesem Zweck ausgeschlagenen Kerben passen – an dem Zeitpunkt, der festgesetzt wurde, um die Schattenposition vom Tag vorher oder nachher zu vergleichen.

Abfolge der Aufnahmen des Observatoriums von *Inticcahuarina*, die die Bestimmung der Sommersonnenwende zeigen.

An dem Tag, an dem die Sonne an diesem Breitengrad den Zenit überschreitet (am 29.Oktober und am 14.Februar), wirft der durch einen senkrechten Sonnenstandsanzeiger projizierte Schatten vom Sonnenaufgang bis zum Sonnenuntergang einen geraden Schatten; diese Linie läuft durch ihre eigene Achse, zu Mittag fällt das Sonnenlicht senkrecht hinunter und der Sonnenstandsanzeiger wirft keinen Schatten. Zu dieser Zeit glaubte man, dass die drei Räume, die das Universum ausmachten, sich gegenseitig beeinflussen würden. Auf diese Weise ergriff die Sonne von all diesen Welten Besitz.

Im Fall des horizontalen Sonnenstandsanzeigers, der oben beschrieben wurde, erkennt man vor allem den praktischen Nutzen (der Zeitpunkt, wenn die Sonne den Zenit überschreitet, wurde durch die Beobachtung des Eintritts des mittleren Schattens in den von der zweiten und dritten Stufe entworfenen Winkel festgesetzt), aber sie drückten auch ihren Glauben dadurch aus. Sobald die Schatten parallel laufen, ergreifen sie der Reihe nach Besitz von jedem der drei Räume im Stufenzeichen bzw. den drei Welten.

Die *Huaca* von *Chimpaccahua*

Der Gegenstand des mythologischen Universums im Heiligtum von *Ollantaytambo* reflektiert durch seine Inhalte das Bedürfnis, die Existenz der Welt mit einem ordnenden Prinzip zu verbinden, lebensspendend und fruchtbringend, so wie die Sonne. Macht und Herrschaft stellten die Sonne als vitales Element über der Natur dar, und da das menschliche Dasein nach Ordnung in der Welt verlangt, ging man davon aus, dass die Inkas oder Söhne der Sonne diejenigen sein sollten, die ihr dies zuführten. Diese Vorstellung einer integralen Verbindung zwischen Inka und der Sonne findet man in der Legende von *Chimpaccahua* oder dem geradeaus blickenden Mann zusammengefasst.

Diese Legende erzählt, dass am Beginn der Zeiten die wohlwollende Natur, die den Menschen umgeben hatte, auf den Kopf gestellt wurde und die Menschen in die Welt der Finsternis hinausfielen, weil sie Mutter Erde vergessen hatten. Das Orakel riet ihnen zur Umkehr, wofür es notwendig war, ihr alle Geschenke zurückzugeben, die sie in Form von Nahrung erhalten hatten. Dies konnten sie durch den Wasserspiegel im geheimnisvollen See von *Chaullacoccha* tun. Aus Angst und Verzweiflung weigerten sich die Dorfmenschen, das für sie zu tun. Der sie beherrschende Inka jedoch befahl seinen eigenen Kindern zu tun, was das Orakel sagte. Er wollte sicher gehen, dass es auch so geschehe und stieg auf den Berg von *Pinkuylluna*. Dort sah er, dass die Tat bereits vollbracht worden war. Er blieb und wurde zu Stein. Erst dann erlangte die Welt dank dieses Menschen wieder ihre Farbe und manchmal strahlt er wie die Sonne.

„Für traditionelle Gesellschaften haben Gegenstände in der Außenwelt sowie auch menschliche Taten keinen wirklichen autonomen Wert. Ein Gegenstand oder eine Handlung gewinnt einen Wert und wird dadurch wirklich, weil er auf dem einen oder anderen Weg an einer Realität teilhat, die er transzendiert. Ein Stein unter vielen anderen wird heilig - und ist daher von Sein erfüllt – nur weil seine Form eine Ähnlichkeit mit einem bestimmten Symbol zeigt oder weil er an eine mythische Tat erinnert. Der Gegenstand erscheint als ein Gefäß einer äußeren Kraft, die es von seiner Umgebung unterscheidet und ihm Bedeutung und Wert beimisst. Diese Kraft kann entweder in seiner Substanz oder seiner Form liegen. Ein Felsen wird deswegen für heilig gehalten, weil seine ureigene Existenz der eines Hierophanten nahe kommt: unverständlich, unverwundbar – dies alles ist der Mensch nicht. Er widersetzt sich der Zeit, seine Wirklichkeit verdoppelt sich durch seine Dauerhaftigkeit. Hier ist ein einfacher Stein: er wird erst dadurch „wertvoll“ oder wie man sagt, magische oder religiöse Kräfte schwängern ihn aufgrund seiner symbolischen Form oder seiner Herkunft“ [77]. Dies wird durch das *Quechua*-Wort „*huaca*“ ausgedrückt.

(77) Mircea Eliade, 1985: 12

Diese Abbildung zeigt eine Seitenansicht des Berges *Pinkuylluna*, auf der man die stufenartige Form erkennt. Auf dem Gipfel des Berges sieht man das Profil eines Mannes mit Kopfschmuck (*Huaca de Chimpaccahua*); die heute in *Ollantaytambo* ansässige Bevölkerung nennt ihn „das Gesicht des Inka“.

In der Morgendämmerung des Tages der Wintersonnenwende (21.Juni), wenn das Festival der Sonne - *Inti Raymi* – zelebriert wird, wird dieses Gesicht aus der Legende die Sonne.

Aufgrund all des vorher Erwähnten stellt das Heiligtum *Ollantaytambo* nicht nur die Geburtsstätte des Sohnes der Sonne für das Reich durch seine heilige Vorstellung und magische Reichweite dar, sondern es war auch der letzte Platz, der gewählt wurde, um die Asche der verbrannten Organe der toten Inkas[78] zu begraben, weil man glaubte, wenn der Lebenszyklus der lebenden Wesen endete, diese wieder Teil des Kosmos werden, indem sie an die Orte ihres mythischen Ursprungs zurückkehrten.

Dort verblieben auch die Aschen des Aufstandes, der unter seiner Wölbung genährt wurde und 1536 mit einem Versuch der Wiedereinnahme von Cusco und der Wiederherstellung der Inka-Herrschaft endete. Da dieser Versuch fehlschlug, gab *Manco Inka* (der Vierzehnte der Dynastie) sein wertvollstes Heiligtum eines bereits in Agonie liegenden Imperiums endgültig auf.

Zu diesem Zeitpunkt, als der Rückzug in die schroffen Berge bei den Wäldern von *Machupicchu* bis hinunter nach *Vilcabamba* begann, befahl er die Zerstörung der Straßen und Brücken. Diese Strategie erlaubte ihnen, bis 1572 den Widerstand zu halten, bis der Inka endgültig gefangen genommen und in *Cusco* enthauptet wurde. Es war *Tupac Amaru I*, der letzte Inka-König.

So fallen am Ende die Tempel dieses Tales dem Niedergang anheim, die nach den spanischen Chronisten durch *Pachacutec*, *Tupac Yupanqui* und *Huayna Capac* umso wertvoller waren. Die Anlagen wurden Opfer einer Zerstörung von Menschenhand und eines unaufhaltsamen Ruins, den das endgültige Verlassen und die Zeit nach sich ziehen.

Diese tragische Isolation jedoch erlaubte den Inkas über 36 Jahre lang den Widerstand zu halten und *Machupicchu*, das schönste der Heiligtümer des Tales (seit es aus Versorgungsmangel aufgegeben wurde und die religiöse und staatliche Bürokratie zerfiel), blieb über 40 Jahre lang geschützt – Zeit genug, um vom grünen Mantel der Natur bedeckt zu werden.

(78) „Die Riten, die sie für die Inka-Könige machten, waren sehr feierlich, obwohl ausschweifend. Die Körper der Verstorbenen wurden einbalsamiert, niemand weiß wie: sie blieben so vollständig und sie schienen lebendig...alle ihre Innereien wurden in den Tempeln der Stadt, die sie Tampu nannten, verbrannt, flussabwärts von Yucay." Garcilaso (1609), s/f Tomo II: 125

Bereist man das Heilige Tal flussabwärts von *Ollantaytambo*, findet man zahlreiche rituelle Orte (einige wurden erst im letzten Jahrhundert entdeckt). Wie gigantische architektonische Skulpturen scheinen sie eine Reihe von Vorkammern zu bilden, die zum berühmtesten aller Inka-Heiligtümer führen: nach *Machupicchu*.

Die Anlage in *Patallacta*

Wiñaywayna

Machupicchu

Seit es im Jahre 1911 von Hiram Bingham der Welt repräsentiert wurde, übte *Machupicchu* eine Macht der Faszination auf all jene aus, die den Ort besucht hatten. Vielleicht auch deswegen, weil man in seiner Architektur (die zu den letzten Ausdrücken der Entwicklung der Inka-Kunst zählt) einen Raum erfährt, der durch die ihn umgebende Landschaft noch gesteigert wird.

Die heilige Umgebung von *Machupicchu*

Yanantin

In der von den Chronisten überlieferten Information erfahren wir, dass das Heilige in zweifacher Form besteht, das *huauque* oder Bruder genannt wird, wie auch der *Vilcanota*-Fluss eine Kopie des himmlischen Flusses, der Milchstraße, ist. Diese Vorstellung ist im Wort „*yanantin*" beinhaltet und drückt körperliche Symmetrie oder Vervollständigung aus und die gleichzeitig mit den Konzepten von höher, niedriger, rechts, links, männlich und weiblich verbunden war.

Im Gegensatz zu diesen ergänzenden Objekten (*yanantin*) hielten sie auch alles für heilig, was einzigartig war (*ch´ulla*). Garcilaso (1609) bezieht sich auf diese Art des Symbolismus, als er die Unterwerfung von *Cac Yauiri* durch *Inka Mayta Capac* beschrieb:

„ Alle Völker, die wussten, dass der Inka sie erobern würde, nahmen einen Berg in dieser Umgebung in Besitz, der die Form eines Zuckerhutes hatte, als ob er von Hand gemacht wäre. Er steht inmitten einer Landschaft, die rundherum flach ist. Sie glaubten, dass dieser Hügel heilig sei, weil er dort ganz allein steht und wegen seiner Schönheit und sie brachten ihm Opfer dar...."

Die Verbindung dieser beiden symbolischen Elemente (des einzelnen und des zweiteiligen, gerade und ungerade) repräsentierte das einzigartige Ganze, dass die Ordnung des Universums strukturierte. Dieses Ganze wurde durch das Zeichen der drei Stufen dargestellt, die die drei großen Dimensionen repräsentieren, zwischen denen man den lebendigen Strom der Energie glaubte. Es war die Energie, die die Beziehung zwischen der Menschheit und dem Göttlichen ermöglichte.

Dieses Ahnenkonzept hatte einen außergewöhnlichen Einfluss auf die Wahl des Ortes, wo das vollendetste Bauwerk der Inka-Ideologie errichtet wurde: *Machupicchu*

Die Vielzahl der magisch-religiösen Elemente, die man dort vorfindet, bestätigen die Benennung als ein Heiligtum (ohne dabei seine politische oder administrative Funktion, der es diente, zu mindern bzw. abzuschwächen), da sie dazu auserwählt wurden, dem Nutzen Genüge zu tragen, einen endgültigen Platz festzumachen, der das Ende des Heiligen Tales der Inkas darstellte. Deswegen musste dieser Ort mit den Ideen notwendigerweise verbunden sein, die ihn heilig machten.

Während der Zeit der Inka-Expansion unterstützte die Suche nach Flächen innerhalb der Regenwälder, durch die eine Vielzahl an Nahrungsressourcen sichergestellt werden konnte (darunter Koka), sowie auch der Bedarf an strategischen Plätzen, die ihnen die Konsolidierung ihrer bereits im Besitz befindlichen Landflächen erlaubte, den Plan einer weiteren Durchdringung des Urwaldes entlang unwegsamer Pfade. Einer davon folgte einer Route durch *Ollantaytambo*, *Patallacta*, *Sayacmarca*, *Phuyupatamarca* und ist heute als Inka-Trail bekannt. Das war vermutlich der Weg, der ihnen die Entdeckung des magischen Ortes inmitten eines Hains von hohen Bergen erlaubte, umgeben von einer riesigen Schlange (die durch den *Vilcanota*-Fluss symbolisiert ist)[79] (siehe Aufnahme auf Seite 128).

Mit Respekt bezüglich dieses Symbolismus erklärte der Chronist Ramos Gavilán (1589) mit Bezug auf den Tempel von *Coyatha*, der auf einer der Inseln im *Titicaca*-See errichtet wurde: „Der ganze Tempel war von einer riesigen Schlange umgeben und sie sagen, dass es das Wasser sei, das sie umgäbe..." [80].

Wir nehmen an, dass sie nicht nur diese Elemente beeindruckten, sondern vor allem die Sicht der natürlichen Repräsentation ihres sozio-religiösen Schemas, das sich aus der Erde erhob.

Konkret können wir sagen, dass die Gipfel, die man jetzt *Machupicchu* und *Waynapicchu* nennt, ein göttliches Paar darstellten, ein *Yanantin* und an der Vorderseite ist der einsame Gipfel *Putucusi* - entfernt von der Anlage steht er allein wie eine Achse und vervollständigt das Bild von ungerade und gerade. Zusammen mit dem Berg, genannt *Sachapata*, bilden sie einen ersten Kreis.

---

(79) Sanchez, 1989: 81

(80) Ramos (1589), 1988: 45

Panorama von *Machupicchu* und seiner heiligen Umgebung

In der näheren Umgebung der Berge von San Miguel bilden *Cedrobambaorcco* und *Wayractanbo* einen zweiten Kreis. Auf der Spitze dieser Gipfel befinden sich zeremonielle Plattformen.

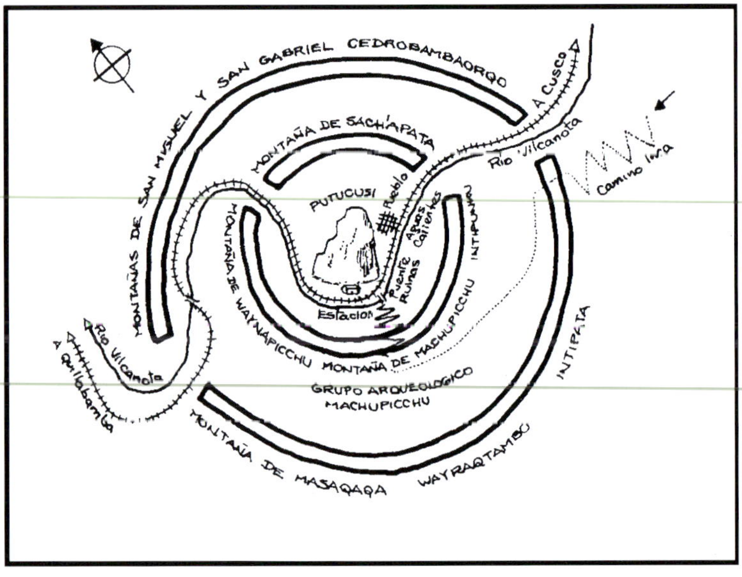

Der gesamte oben beschriebene geografische Raum wurde durch zwei klare, konzentrische Kreise in einem flachen Felsen dargestellt, der als Altar dient. Man fand diesen in einem Teil, wo eine abgestumpfte Pyramide die Basis für ein astronomisches Observatorium der *Intihuatana* ist. Hier kann man die Morgendämmerung des Tages der Wintersonnenwende Beobachten. Das Sonnenlicht heiligt das Symbol fällt, das mit der Geografie diesesOrtes verbunden ist.

Die Berggeister

Wenn man von den Menschen der traditionell lebenden Gesellschaften geführt wird, kann man die Namen der Schutzgeister kennen lernen, die mit den Formen bestimmter Berge verbunden sind[81]. In der Vergangenheit bedingten diese Formen einige der kulturellen Elemente, damit sie sich wirklich als solche manifestierten. In anderen Fällen wiederum entwarfen die Menschen Tempel und heilige Stätten mit Eigenschaften, wobei die natürliche Formation dieser endgültigen Anlage angepasst war. Diese Anlagen befinden sich gewöhnlich an einigen geografischen Zufallspunkten, die aufgrund ihrer natürlichen Beschaffenheit Lebensbedingungen für die Gemeinschaft hervorrufen, wie Seen, Hügel, Flüsse und Quellen. Und diese hatten eine heilige Bedeutung.

Dieses grundlegende Fundament ihres Glaubens wurzelte in einem kosmischen Konzept, dem Glauben, dass Natur-Zeit (*Pachamama*) ein total lebendiger Schöpfer der Vitalität aller Wesen ist, beseelter und unbeseelter. Sie erhielten wohlwollende Geschenke durch die Geister (*Apus*), die in Gestalt der Natur in einem reziproken Zusammenhang mit den Taten der Menschen agierten.

Diese Ideen bestimmten die Existenz einer großen Anzahl von vorhandenen Wesen, unter denen es eine Macht-Hierarchie mit spezifischen Funktionen in Verbindung mit ihren magischen Naturen gab. *Machupicchu* ist das endgültige Beispiel dieser Vorstellung.

Der wachsame Puma und der junge Vogel (*Wayna Pichiu*)

Der Berg, der heute *Waynapicchu* genannt wird, ähnelt der Gestalt eines gigantischen Pumas mit gekrümmtem Hinterteil und in einer Haltung von Angriff und Verteidigung. Am Gipfel des Berges wurden einige schmale Terrassen angelegt, die die erhabenen Nackenfedern darstellten und diese wurden zu produktiven, landwirtschaftlichen Flächen genützt, die mit kleinen Zäunen umgeben waren. Weiters gab es auch einen Altar für Opfergaben und für die Beobachtung des Himmelsgewölbes.

---

(81) Cobo (1653/1956, IV: 38) veranschaulichte dieses antike Konzept in der Beschreibung des Ursprungs der vierten *Huaca* am vierten Abschnitt entlang der Straße nach *Antisuyo*, über den er sagte: Die vierte *Huaca* war ein Steinbruch, genannt Viracocha, wo es einen Felsen gab, der einem Menschen ähnelte und über den sie sagten, als sie den Felsen bearbeiteten, die Figur aus ihm herausstieg und genau so erschien. Deswegen verehrten sie ihn."

In der Nähe dieses Berges findet sich eine andere natürliche Formation, die aus drei felsigen Vorsprüngen besteht: zwei auf jeder Seite repräsentieren halb-offene Flügel und der andere im Zentrum den Kopf des Vogels. Zur Bestätigung dieser Idee und um sie in ein kulturelles Objekt umzuwandeln, fertigten sie schmale Terrassen an, um die Halskrause des Kondornackens darzustellen. Diese Formation wurde *Waynapichiu* oder junger Vogel genannt. Dieser Name entwickelt sich durch Verlängerung und phonetische Abänderung zum gegenwärtigen Namen des Berges *Waynapicchu* (junger Gipfel).

Der Berg *Waynapicchu* nimmt die Form eines kauernden Pumas an und links kann man die Form eines Vogels sehen.

Nachdem die Eigenschaften dieser eindrucksvollen Landschaft beurteilt (darunter das Vorhandensein von Wasserquellen und Steinbrüchen von weißem Granit) und mit der Morphologie der Berge und deren wichtigsten Schutzgeistern, die die Wichtigkeit dieses Raumes rechtfertigten, in Beziehung gesetzt wurden, entschied man, die Anlage hier zu bauen, was später als das berühmte Inka-Heiligtum bekannt werden sollte. Daraufhin begann eine große Anzahl von Arbeitern den Wald zu roden, um die Fläche so vorzubereiten, dass Architekten, Priester und Astronomen ein Konstrukt der gesamten Anlage bis ins letzte Detail planen konnten, sodass dieser Ort das äußerste Ende des Heiligen Tales der Inkas bilden und damit seine Synthese sein würde.

Die Symbolik der Eidechse von *Amaru Tupac*

In der andinen Welt wurde aus bisher schwer erklärlichen Gründen die Darstellung der fliegenden Eidechse in fast allen alten Kulturen wie *Chavin*, *Pucara*, *Tiahuanaco* und Inca gefunden. Könnte es sein, dass sie damit das älteste Wesen auf Erden darstellten? Oder vielleicht einen mythischen Sohn der Gewässer, Herr der Erde und der Luft, Schöpfer des Lebens, Sichersteller von Nahrung, Mutter der Kondore und der Pumas, wie man den Tello-Obelisk von *Chavín* möglicherweise interpretieren kann? (siehe Illustration auf Seite 133).

So verbanden antike Traditionen, wie sie in der Chronik von Juan Santa Cruz Pachacutec (1613) aufgezeichnet wurden, die Geburt von einem der Söhne des *Inka Pachacutec*, der *Amaru Tupac* genannt wurde – an jenem Ort bekannt als *Pumacocha* (der Sohn des Pumas) – mit dem Berg *Pachatuxsan* (der Berg, der atmet, der inhaliert), der in seiner natürlichen Form wie eine Eidechse aussieht. Die Chronik besagt:

„So gelangten Neuigkeiten dorthin, dass ein Wunder in Cusco geschehen war, wie Yauirca oder Amara aus dem Berg Pachatuxsan heraus gestiegen waren. Der war eine wilde Bestie von einer halben Meile Länge und zweieinhalb Spannen dick, mit Ohren, Klauen und Barthaaren. Danach sank er in den See Quibipay und kam von dort in Form von zwei Vulkanausbrüchen wieder heraus...Von diesen sagten sie, dass sie Tiere mit Flügeln, Schwänzen, vier Füssen und Stacheln am Rücken entlang wie ein Fisch gewesen seien.“

Ähnliche Geschichten verbinden dieses Wesen mit der Ernte und dem Nahrungsmittelüberfluss, der in den Kornspeichern (qolcas) verwahrt wurde, da diese Kreatur in sie hineinspuckte und sie füllte.

Darstellung des Obelisken Tello von *Chavín*

Dieses übernatürliche Wesen wurde in seinem mythologischen und ikonografischen Kontext in einem Gebäudekomplex hervorragend dargestellt, indem es der Topografie des Ortes angepasst war. Gemeinsam bilden sie eine gigantische Eidechse, deren Design sogar Elemente mit einschloss, die die Struktur der Haut wiedergeben. Merkwürdigerweise befindet sich diese Anlage vor dem Berg, der den Kondor und den Puma in einer Position darstellt, die ähnlich der des *Chavín*-Obelisken ist. (siehe Abbildungen auf Seite 134, 135).

In den Fotografien und Figuren auf den folgenden Seiten kann man eine Reihe von Terrassen in Ellipsenform unterscheiden (Sektion A), die der Form eines Reptilienkopfes ähneln. Ein neugieriger Besucher erkennt längliche Klippen, die sich wie Klauen ganz am Rande des Abgrundes festhalten. An höchster Stelle kennzeichnet ein enormer Felsen den Teil des Auges und zur natürlichen Krönung des Eidechsenhauptes ragt ein natürlicher Felsen hoch, der an die in der Mythe gegebenen Beschreibung erinnert.

Der als Sektion B markierte Abschnitt entspricht dem Zentrum der Assimilierung des Nährstoffes des Reptils. Dort findet man auch das *Acllahuasi* (Haus der Erwählten Frauen). Diese Frauen waren dazu bestimmt, feine Textilien zu weben und zeremonielle Utensilien, Nahrung und Getränke herzustellen. Das Gebäude stellt das Hinterteil und den Mittelteil einer Echse dar. In symbolischer Assoziation errichteten sie hier *qolcas* (Speicherhäuser) für Nahrung, als ob sie Teil des Magens dieses Tieres wären. In der als C bezeichneten Fläche ist die Skulptur eines Kondors zu sehen, der mit dem Totenkult in Zusammenhang steht. In den Abschnitten D und E lassen die mächtigen Beine auf der linken Seite des Tieres eine Verbindung mit der Bewegung erkennen und verleihen dem gesamten Komplex eine anschauliche Plastizität.

Der Ort des *Amaru Tupac*

In Übereinstimmung mit dem System der Teilung der alten Abstammungslinien in den Anden wurde dieser Komplex im *Urin*-Sektor errichtet und stellt eine fliegende Echse dar, die aufgrund der Eigenschaften ihrer Ausstattung aussieht, als ob sie sich aus den Fluten des *Vilcanota*-Flusses erheben wolle, um ungehindert den Gipfel des Berges zu erklimmen, wo sie in voller Bewegung auf ewig versteinert bleibt.

Man erkennt in dieser Panorama-Ansicht den rituellen Ort der Echse *Amaru Tupac* wie die Bauart dem Tier scheinbar volle Bewegung verleiht.

Kunstvolle Anordnung des Gebietes und des mächtigen Echsenwesens - dargestellt in *Machupicchu*.

Der Raum des Pumas

Im Hanan Sektor, der dem *Urin*-Sektor gegenüberliegt, findet man im Allgemeinen eine den Aktivitäten der Regierung gewidmete Fläche. Hier befindet sich die Figur des Pumas, die als eine Anzahl von Terrassen am Rande einer Schlucht errichtet und mit feinsten Linien entworfen ist, die Großzügigkeit vermitteln. Er hält seinen Kopf hoch und gegen Westen geneigt, sein Körper ruht in einer Haltung von Rast und Erholung. Die Unveränderlichkeit der Ausführung dieses Typus von Konstruktion weist auf eine Pyramide hin, wo das Sonnenobservatorium *Intihuatana* gelegen ist. Der Kopf des Tieres entsprach dem Symbol der Macht und der dem Hinterteil entsprechende Teil war in Form zweier prächtiger Anlagen errichtet. Heute nennt man eines dieser Bauwerke den „Haupttempel" und der andere ist unter dem Namen „Tempel der drei Fenster" bekannt.

Foto und künstlerische Darstellung des Ritualortes des Pumas.

Das astronomische Observatorium von *Intihuatana*
und der Tempel der drei Fenster

Auf der gegenüberliegenden Seite dieser Anlage (Gesamtheit) und neben dem Hauptteil des Wasserversorgungssystems findet man den halbrunden Sonnentempel – dort befinden sich auch die Gebäude mit den feinsten Steinmetzarbeiten.

Darstellung der Innenwelt: eingemeißelte Stufen, Nischen und Ausstattung mit extrem feinem Schliff sind in den Hohlraum geschlagen und darüber erhebt sich (in den Raum aufragend oder nach *Hanan Pacha*) der Sonnentempel. Auf der Abbildung erkennt man eines der drei Fenster, dasselbe, dass bei der Wintersonnenwende auf den Sonnenaufgang hin ausgerichtet ist (Dearborn, 1983: S39)

Diese Terrassen und Gebäude wurden dazu entworfen, um den intensiven Regenfällen zu widerstehen. Sie waren bekannt als Wachhäuser des landwirtschaftlichen Abschnitts und lagen an einem Hang, der am Rande einer abgrundtiefen Schlucht endet.

Über die ganze Umgebung, die das höhergelegene Kulturland einschließt, dominiert ein Gebäude an der Spitze der Terrassen, dessen Anblick am Horizont zur Kontemplation einlädt.

Der Ahnenvogel

Die oben beschriebenen Anlagen sind in einer höchsten Ganzheit zusammengefasst, die wegen der Einzigartigkeit ihrer Bauweise diese Anlage zu einem Zeichen der Abstraktion machen, die so praktisch wie auch künstlerisch kontrolliert wird (wie man vom Gipfel des *Waynapicchu* sehen kann), dass sie dem Auge des Betrachters als eine Figur der alten und stolzen Kondore erscheint, der dorthin fliegt, wo die Nacht geboren wurde und die Milchstraße entschwindet, zurück zu den Ursprüngen. Er trägt ihre wichtigsten religiösen Symbole mit sich, als ob er des Menschen Vehikel wäre – ausgerichtet auf die Ewigkeit und das Unendliche.

Dieses wunderschöne Heiligtum aus Stein bewirkt nicht nur Staunen aufgrund seiner ausgeglichenen architektonischen Konzepte und gewagten Perspektiven, sondern es schafft gemeinsam mit der außergewöhnlichen Landschaft, die es umgibt, eine einzigartige Vollkommenheit, in der die geometrische Arbeit des Menschen Natur wird. Die gesamte Anlage befindet sich entlang eines verborgenen Gipfel des Berges von *Machupicchu* und wird von allen Seiten und Abgründen, die rundherum in unermessliche Tiefen des offenen Raumes abfallen.

Das Heiligtum von *Machupicchu* vom Gipfel des *Waynapicchu* aus gesehen.

Künstlerische Wahrnehmung des Heiligtums und das umgekehrte Bild. Hier können die Eigenschaften und die Absicht der Zeichnung (Vogel im Flug) eher gesehen werden.

Die Darstellung dieses Vogels entspricht auch dem Bild eines mythischen Wesens, das die reiche Andentradition als den Vogel *Llulli* identifiziert und dessen Ursprung nur noch durch die Legende wahrgenommen wird. Gemäß dieser Erzählung sendete die Sonne jedes Mal, wenn der Mensch ausschweifend und unordentlich wurde, einen Vogel mit schillerndem Gefieder und die bloße Präsenz dieses Vogels am Himmel war ausreichend, um einen zauberhaften Einfluss zuschaffen, der alle Arten von Feindseligkeiten, Rebellion oder Krieg beendete und Liebe erzeugte[82].

(82) Portugal C., 1981: 59

Friede ist die einzige Wahrnehmung, die jemand in der magischen Atmosphäre von *Machupicchu* erfährt.

Es gibt zahlreiche Autoren, die unzählige Arbeiten über dieses Heiligtum geschrieben haben. Trotzdem waren nur wenige im Stande, den Geist dieses Ortes in seiner vollen Dimension zu erfassen. Unter ihnen findet man Juan Larrea, der dies auf folgende Art ausdrückte:

„Machupicchu – Stadt der allerletzten Hoffnung"

„Der Reisende fühlt sich von einer seltenen und unbekannten Euphorie ergriffen. Es ist, als ob sein Geist plötzlich triumphiert, er wüsste nicht wie das unerwartete Gefühl von Flügeln zu erklären... Diese trügerische Skizze der Art von Gefühlen, die man an diesem Ort empfindet und manchem unerschöpflich scheinen, erklärt, weshalb man nur als zweites daran interessiert ist, sich weniger zauberhafte Konzepte über die rätselhafte Stadt anzueignen. Die Macht der von Machupicchu ausgeübten Suggestion ist in seiner ganzen Präsenz inhärent."

Ist *Machupicchu* wirklich der Name dieses Heiligtums? Würde sein ältester Name, der nämlich „alter Vogel" bedeutet, nicht eher der Form entsprechen, die es darstellt? *Machu Pichiu*[83] sind die *Quechua*-Worte, die alter Vogel bedeuten bzw. der höchste Schutzgeist des Friedens unter den Menschen; er ist derjenige, der seinen Flug gegen Osten lenkt, nach *Pisac*, wo das Heilige Tal beginnt und der von *Machupicchu* gegen Westen fliegt, bis zum Ende des Heiligen Tales, wo sich die Wasser des heiligen Flusses ergießen und von wo der Himmlische Fluss, die Milchstraße, wiedergeboren wird.

Plan von *Machupicchu* in einer künstlerischen Darstellung der Zeichnung integriert.

(83) Gonzales H. (1608), 1989: 223

Waynapicchu.

Die Blumen von *Cusco* und das Heilige Tal

Wir verdanken der Verbindung von Schönheit und der rätselhaften Energie, die ständig aus den Überresten der Arbeiten von jenen fließt, die bereits vor langer Zeit ihre Hände in die Erde legten oder in einer der Hunderten von Wasserspiegel, die am Fuße eines Gletschers zurückbleiben, die Wiedervereinigung des Wetters und die verschiedenen Wege, die uns leicht auf und ab durch die schroffen Formen der hohen Berge führen. Unter diesen Kolossen überragen mehr als drei die 5000-Meter Marke und in dieser Höhe herrscht eine mittlere Temperatur von 0°C, während im Tal zwischen den Gebirgsfalten die Temperatur über 14°C liegt. Trotz der typischen Eigenschaften dieser kapriziösen Geografie und seines abwechslungsreichen Klimas wachsen hier zahlreiche Arten von Pflanzen. Jede an Plätzen, die, obwohl sie in Höhen gelegen sind, die eigentlich einer kälteren Zone entsprechen und nicht für die Entfaltung von Pflanzen geeignet ist. Sie gedeihen in kleinen geschützten Gebieten und Nischen, die eine breite Skala von Mikroklimata bilden und erblühen in der Regenzeit. Dann färben sie die Landschaft mit verschiedenen Farbtönen bunt und beflügeln den Geist jener, die an diesen steilen Ort reisen.

Kolibris auf der Cardenal Blume.

Von der horizontalen ebene, auf welcher sich das “Heilige Tal” mit 2.900 Meters über dem Meeresspieger befindet (auf dem Foto die Siedlung von *Huayoqari*), ist es möglich wahrzunehmen, wi in kurzen Obständen aufbanflächen in ihrer matinalen Höhe auf enge Pässe folger und sich am Fuße von vertikalen Mauern befinden. In diesen geschützen Bereichen gedeiht auch die wilde Vegetation.

Liste der Pflanzennamen

Seite 148 (von links nach rechts)

1.
Gloxina sylvatica
Gesneriaceae

2. Alfilerillo
Geraniaceae

3. Panti
Cosmos peucedanifolius.
Compositae

4. Willcu
Ipomea
Convolvulaceae

5. Shinua
Loasa grandiflora
Loaseae

6. Llaulli
Barnadesia horrida
Compositae

7. Lirio
Crynum americanum
Amaryllidacea

8. Yawuar taico.
Castilleja sp.
Scrophulariaceae.

9. Tumbo
Pasiflora mollissima
Passifloraceas

10.
Bromarea sanguinea
Amaryllidacea

11. Chinchircoma
Mutisia acuminata
Asteraceae

12. Chiwanway
Crocopsis fulgens
Amaryllidacea

Seite 149 (von links nach rechts)

13. Angel tauna
Jatropha urens
Euphorbiaceae

14. Wakanki
Masdevalia veitchiana
Orchidaceae

15. Supaicarco
Nicotiana glauca
Solanaceae

16. Sokca - Huscja
Astragalus garbancillo

17. Waca waca
Halenia umbellata
Gentianaceae

18. Amapola
Papaver rhoeas
Papaveraceae

19. Granadilla
Pasiflora trifoliata
Pasifloraceae

20.
Sobralia dichotoma
Orchidaceae

21. Aya aya
Alonsoa acutifolia
Scrophulariaceae

22.
Gesneriaceae

23. Canaria
Echschlzia californica
Papaveraceae

24. Sacha ñucchu
Salvia dombeyi
Labiatae

Seite 150 (von links nach rechts)

25. Chicchipa
Tagetes mandoni
Compositae.

26. Pirca
Bidens pilosa l
Compositae

27. Floripondio
Brugmansia aurea
Solanaceae

28. Boca de sapo
Antirrium majus
Scrophulariaceae

29. Kleine Kolibris im Nest

30. Kiwicha
Amaranthus caudatus

31. Tarwi silvestre
Lupinus sp.
Fabaceae

32. Kolibri-Eier

33. Qantuta, Qantu.
Cantua buxifolia
Polemoniaceae

34. Sunchu
Sonchus aleraceus
Compositae

35. San Pedro.
Trichocereus pachanoi
Cactaceae

36. Achira.
Canna edulis
Cannaceae.

Seite 151 (von links nach rechts)

37. Yawar chonqa
Oenothera rosea
Oenotheraceae

38. Rata rata
Abutilon molle

39. Nabo

40. Cardo
Silybum marianum
Compositae

41. Wallmi wallmi
Ageratina azangaroensis
Asteraceae

42. Muña
Minthostachys setosa
Lamiaceae

43. Gladiolo
Gladiolus cardinalis
Iridaceae

44. Pfalcha
Gentiana herrerae
Gentianaceae

45. Tancar
Solanum pseudolicioides
Solanaceae

46. Quico
Bidens andicola
Asteraceae

47. Qausillo
Siphocampylus tupeaformis
Campanulaceae

48.
Senecio comosus
AsteraceaeAsteraceae

Seite 152 (von links nach rechts)

49. Ayac zapatilla
Calceolaria sp.
Scrophulariaceae

50. Kolibris im Nest

51. Achancaray
Begonia sp.
Begoniaceae

52. Chawe-chawe
Paranephelius
uniflorus

53. Mutuy
Cassia hookeriana
Leguminosae

54. Kolibris auf der Cardenal Blume

55. Michi michi
Cypalla herrerae
Iridaceae

56. Cardenal
Euphorbia pulcherrima
Euphorbiaceae

57. Margarita
Chrysanthemun
maximun

58.
Hypseocharis
pimpinelifolius
Oxalidaceae.

Literaturverzeichnis

Angles Vargas, Víctor
1995, Pacarectambo, y el origen de los Incas. Industrial gráfica S.A. Lima.

Albornoz, Cristóbal de
1967 (1582-1584?), La Instrucción para descubrir todas las Guacas del Pirú y sus Camayos y Haciendas. En: Un Inédit de Cristóbal de Albornoz. 8-39. Journal de la Societé des Américanistes. Tome LVI-1. París.

Ávila, Francisco de
1966 (1598), Dioses y Hombres de Huarochirí. Traducción del Quechua por José María Arguedas. Instituto de Estudios Peruanos. Lima.

Bauer S. Brian
1992, avances en arqueología andina, (Archivos de Historia Andina Nro. 16), centro de estudios regionales andinos "Bartolomé de las Casas" Cusco.
2000, El Espacio Sagrado de los Incas, El sistema de Ceques del Cuzco.(Archivos de Historia Andina Nro. 33). Centro de Estudios Regionales Andinos "Bartolomé de las Casas",Cusco.

Bertonio, Ludovico
1879 (1612), Vocabulario de la Lengua Aymara. Publicado por Julio Platzman, edición facsimilar B.G. Teubner. Leipzig.

Betanzos, Juan de
1880 (1551), Suma y Narración de los Incas, Biblioteca Hispano-Ultramarina. Publicado por Marcos Jiménez de la Espada. Madrid.

Cabello De Balboa, Miguel
1951 (1586), Miscelánea Antártica. Una Historia del Perú Antiguo. Universidad Nacional Mayor de San Marcos. Facultad de letras. Instituto de Etnología. Lima.
1920, Historia del Perú bajo la dominación de los Incas. Colección peruana Urteaga-Romero. 2da. Serie. II. Lima.

Calancha, Antonio de la
1974 (1638), Crónica Moralizada. UNMSM. Lima

Carrión Cachot, Rebeca
1955, El Culto al Agua en el Antiguo Perú. La Paccha elemento cultural Pan-andino. Revista del Museo Nacional de Antropología y Arqueología Vol. II Nro. 1. Lima.

Cavero Carrasco, Ranulfo
1986, Maíz Chicha y Religiosidad Andina. Edit. Universidad Nacional de San Cristóbal de Huamanga. Ayacucho.

Chandler, Daniel
1998, Semiótica para principiantes. Ediciones Abya Yala. Quito.

Cieza de León. Pedro
1880 (1553). Segunda parte de la Crónica del Perú. Que trata del Señorío de los Incas Yupanquis y de sus grandes hechos y gobernación. Edit. Jiménez de la Espada. Madrid.
1973 (1553), La Crónica del Perú. Ediciones PEISA. Lima.

Cobo, Bernabé
1956 (1653), Historia del Nuevo Mundo. Notas y Concordancias por Luis A. Pardo y Carlos A. Galimberti. Tomos III y IV. Cusco.

Condori Bernabé /Gow Rosalind
1982, Kay Pacha. Centro de Estudios Rurales Andinos "Bartolomé de las Casas". Cusco.

Dearborn, David S.P.
1983, The "torreón" at Machu Picchu as an observatory. Archaeoastronomy 5: S37-S49.

Dollfus, Olivier
1991, Territorios Andinos, reto y memoria. Instituto Francés de Estudios Andinos. Lima.

Donkin, William
1979, Agricultural Terracing in the Aboriginal New World. Viking Fund Publications in Anthropology 56. Werner Green Foundation, New York.

Earls, Jhon
1979, Astronomía y ecología: La sincronización alimenticia del maíz. En: Rev. Allpanchis Phuturinqa Nro. 14:117-135. Instituto de Pastoral Andina. Cusco.
1991, Ecología y agronomía en los Andes. HISBOL. La Paz.

Eliade Mircea
1985, El Mito del Eterno Retorno. Edit. Artemisa S.A.

Elorrieta Salazar Fernando /Edgar
1992, La Gran Pirámide de Pacaritanpu, Entes y Campos de Poder en los Andes. Sociedad Pacaritanpu Hatha. Cusco.
1996, El Valle Sagrado de los Incas, Mitos y Símbolos. S.P.H. Lima.

Evans Schultes Richard – Hofmann Albert
1982, Plantas de los Dioses. Edit. Fondo de Cultura Económica. Mexico

Gade, Daniel
1967, "Plant use and folk agriculture in the Vilcanota Valley of Peru A cultural historical geography" .PhD Diss. University of Wisconsin.

Granadino, Cecilia
1993, Cuentos de nuestros Abuelos Qechuas, Recuperando La Tradición Oral. Lima Graf. Lima.

Grieder ,Terence
1987, Orígenes del Arte Precolombino. Edit. Fondo de Cultura Económica. México.

Garcilaso de la Vega, El Inca
S/f. (1609), Comentarios Reales de los Incas. Tomos I, II, III. Edit. Universo S.A. Lima.

Gonzales Holguín, Diego
1989 (1608), Vocabulario de la Lengua General de todo el Perú llamada Lengua Qqichua o del Inca. Edit. Universidad Nacional Mayor de San Marcos. Lima.

Guaman Poma De Ayala, Felipe
1944 (1613?), Nueva Coronica y Buen Gobierno. Edit. A. Posnaski. La Paz.

Herrera Antonio de
1946 (1601-1615), Historia General de los hechos de los Castellanos en las islas y Tierra Firme de El Mar Océano. Edit. Guarania. Buenos Aires.

Herrera Fortunato L.
1921, Contribución a la flora del departamento del Cusco. Universidad del Cusco.
1938, Plantas que curan y plantas que matan de la flora del Cusco. Rev. Universitaria, Nro. 75. Universidad del Cusco.
1941, Sinopsis de la flora del Cusco. Cusco.

Heyerdahl, Thord
1959, Aku – Aku. El Secreto de la isla de Pascua. Edit Juventud. Barcelona.

Hyslop, John
1992, "Qhapaqñan, el Sistema Vial Incaico". Instituto Andino de Estudios Arqueológicos-Petróleos del Perú. Lima.

Ibarra Graso, Dick E
1982, Ciencia en Tiahuanacu y el Incario. La Paz.

Lanning, Edward
1967, Peru Before the Incas. Prentice-Hall, Englewood Cliffs, N.J.

Larrea, Juan
1960, Corona Incaica. Universidad Nacional de Córdoba. Buenos Aires.

Lumbreras, Luis Guillermo
1969, De los Pueblos, las Culturas y las Artes del Antiguo Perú. Moncloa-Campodónico, Editores Asociados. Lima.

Martínez y Martínez, Valentín
1966, Estudio Monográfico del distrito de Ollantaytambo. Lima.

Molina, Cristóbal de, "El Cusqueño"
1943 (1574), Fábulas y Ritos de los Incas. Las Crónicas de los Molinas. Los Pequeños Grandes Libros de la Historia Americana. Serie I, Tomo IV. Lima.

Montesinos, Fernando de
1957 (1644), Memorias Antiguas, Historiales y Políticas del Perú. En: Rev. Del Museo e Instituto Arqueológico Nro. 16-17:3-144. Universidad Nacional del Cusco. Cusco.

Manrique Chávez, Pío Antonio
1997, El Maíz en el Perú. Serie Tecnologías. Concytec.

Pachacuti Yanqui, Joan de Santacruz
1927 (1613), Relación de antigüedades deste Reyno del Pirú. En: Historia de los Incas y Relación de su Gobierno. Colección de Libros y Documentos referentes a la Historia del Perú. Tomo IX (2da. Serie). Lima.

Pardo, Luis A.
1946, La Metrópoli de Paccaricctanpu. En: Rev. Arqueológica de la Universidad Nacional del Cusco, Nro.2:3-46. Cuzco.

Polo de Ondegardo, Juan
1917 (1571), Informaciones acerca de la Religión y Gobierno de los Incas, 2da. Parte. Colección de libros y documentos referentes a la Historia del Perú. Tomo IV. Lima.
1906 (1584), Los errores y supersticiones de los indios, sacadas del tratado y averiguación que hizo el Licenciado Polo. En: Rev. Histórica Tomo I Nro. 1.

Ponce Sanginés, Carlos
1969 a, La ciudad de Tiahuanacu. Facultad de Arquitectura. Universidad Mayor de San Andrés. La Paz.
1969 b, El Templete semi Subterráneo de Tiwanaku, Acad. Nac. De Ciencias de Bolivia. Nro. 20. La Paz.

Portugal Catacora, José
1981, Danzas y Bailes del Altiplano. Lima.

Ramos Gavilán, Alonso
1988 (1589), Historia de Nuestra Señora de Copacabana. Transcripción, nota del editor e índices de Ignacio Prado Pastor. Lima.

Read, Herbert
1975, Imagen e Idea. Fondo de Cultura Económica. México D.F.

Reinhard, Johan
1997, Las Líneas de Nazca, Un Nuevo Enfoque sobre su Origen y Significado. Edit. Los Pinos E.I.R.L. Lima.

Rendón, Maximiliano
1960, Leyendas del Valle Sagrado de los Incas.Edit. Garcilaso.Cuzco.

Romano, Ruggiero
1982, Alrededor de dos falsas ecuaciones: coca buena cocaína buena; cocaína mala coca mala. En Rev. Allpanchis Phuturinqa Nro. 19; 237-252.Cusco.